Gems of Cultural Relics in Handan

邯郸文物精华

邯郸市文物研究所　编

Edited by the Handan City Institute of Cultural Relics

文物出版社

Cultural Relics Publishing House

《邯郸文物精华》编委会

主　任：白　钢

副主任：王　兴　乔登云

编　委：（以姓氏笔划为序）

　　　　王永军　尹建兵　乔文昌　刘权民

　　　　李　民　李忠义　张士忠　张林堂

　　　　赵学峰　郝良真　钟　维　薛玉川

主　编：乔登云

撰　文：乔登云（前言、概述）

　　　　钟　维　张凤英　申慧玲　张　慧（图版说明）

摄　影：张　慧

英　译：穆朝娜

目　录
CONTENTS

前　言

　　邯郸市地处河北省南部，西倚太行山，东跨华北平原，地理环境优越，土质肥沃，资源丰富，是中华民族重要的发祥地之一。自二三十万年前的旧石器时代开始，人类便开始在西部太行山区居住；距今8000年前后，先民们创造出了新石器时代著名的磁山文化；距今7000～4000年间，后冈一期文化、大司空村文化、庙底沟文化、后冈二期文化相继出现在这片沃土上；夏商两周时期，商族发迹于前，并以此为根据地逐渐向外扩张，建立了商王朝，赵族崛起于后，最终成为著名的战国七雄之一；秦汉一统天下，邯郸为全国屈指可数的商业都会；魏晋北朝分治，邺城成为曹魏、后赵、冉魏、前燕、东魏、北齐六朝古都；隋唐以后，又先后经历了大名魏博镇、宋代北京等辉煌时期，为邯郸历史谱写出了光辉而灿烂的文化篇章。

　　邯郸是河北省文物大市之一，地上地下文物十分丰富。尤其是新中国成立以来，随着文物考古事业的发展，成千上万的古代文化遗迹、遗物得以出土。其中，石器时代有涉县新桥遗址的打制石器，有武安市磁山遗址众多朴实无华的陶、石、骨、蚌制品，有永年县石北口、武安市赵窑、磁县下潘汪、界段营、邯郸百家村等遗址出土的精美彩陶；夏商两周时期，有磁县下七垣商墓、武安赵窑商代墓群成批造型古朴、花纹繁缛的青铜器和玉石器，有赵都邯郸故城和陈三陵、周窑赵王陵寝及邯郸百家村、武安固镇古城、涉县北关凤凰台贵族墓葬出土的青铜礼乐器和金玉制品，有邯郸城区内外数以千计中小墓葬的随葬器物；秦汉时期，有邯郸车骑关、张庄桥赵王墓残存的工艺精湛的鎏金、青铜、玉石器具以及城郊平民墓区各具特色的随葬物品；魏晋北朝时期，有邺城遗址出土的各类建筑材料、铜石造像和生活用具，有磁县北朝墓群精美的壁画艺术、兵马俑群和陶瓷器皿，有成安县南街寺庙遗址出土的佛教造像；隋唐时期，有大名县唐魏博节度使何宏敬墓出土的巨型墓志和各地隋唐墓中的陶俑与瓷器，有峰峰矿区、成安等地的寺庙遗址和佛教遗物；宋金元时期，有磁县、峰峰矿区诸窑址和各地宋元墓葬中出土的享誉中外的形制各异、色彩鲜明、题材丰富的磁州窑陶瓷产品。而且，随着城乡基本建设和考古工作的开展，新的考古发现仍在不断涌现，出土的文物数量每年也在以千位数增长，我们相信将有更多更精美的文物面世。

　　文物是人类历史文化的重要载体，也是人类流光岁月的重要见证。为了弘扬邯郸悠久的历史文化，振奋民族精神，激发人们热爱祖国、热爱家乡的热情，陶冶情操，同时为了反映邯郸考古工作的成就，展示邯郸文物藏品的风貌，提高人们尊重历史、保护文物的意识，我们将陆续遴选邯郸出土的各类文物精品，结集成册，以奉献给关注和支持邯郸文物考古事业的先贤同仁和广大读者。

概　　述

　　邯郸市地处河北省南部冀、鲁、豫、晋四省接壤地区，下辖19个县（市、区），总面积11536.6平方公里。市境西倚太行山，东跨华北平原，黄河故道、漳河、滏阳河、洺河及其支流纵横其间；古人所谓"襟山带河"、"肘翼太行"，"北通燕涿、南有郑卫"，"万山盘礴、泉流环汇"，"蠢如巨防、扼为要津"，就是对全境形势的准确描绘。

　　邯郸，古属冀州"衡漳"之地，商族即发迹于此。辖区各县，自古隶属不定。就其政治、经济、文化核心区域而言，大体上经历了邯郸、邺、大名和广平（今永年县广府镇）等三次大的转移。殷商时，邯郸为殷都"离宫别馆"；战国，为赵之名都；两汉，位居全国五大商业都会之列。魏晋北朝，邺地代邯郸而崛起，初为曹魏五都之一，继为后赵、冉魏、前燕、东魏、北齐国都。隋唐以降，西部广平、东部大名相继兴起。隋末窦建德建都于广平，唐代大名为魏博镇首府，继为宋之北京，金、元、明、清各代，两地分别为路、府治所。

　　从考古发现可知，邯郸先民自数十万年前的旧石器时代开始，就在这片土地上栖居、繁衍、生息，世世代代自强不息，孕育和创造出了光辉灿烂的历史文化，也为我们遗留下了数以万计各具特色的文化遗物和众多五光十色、工艺精湛的文物珍品。

　　距今8000多年的磁山文化是原始社会时期邯郸境内最具代表性的文化遗存之一。磁山遗址位于武安市西南16公里处的磁山村东，占地面积达14万平方米，1972年冬发现，1976～1998年先后经过10多次发掘，揭露面积7000多平方米，不仅发现了农作物"粟"、胡桃、家鸡等动植物标本，将原始农业和家禽饲养业的历史提前了上千年，而且还发现了以长方形窖穴和陶石器"组合物"为特点的众多遗迹，并出土了以三足石磨盘、石磨棒、筒形盂、鸟头形支脚、深腹罐、三足钵等为特征的陶、石、骨、蚌器等文物和标本近万件，为新石器时代中、早期文化的研究提供了重要的实物资料。距今5000～7000年的后冈一期文化和大司空村文化在邯郸境内有着广泛的分布，邯郸、峰峰矿区、武安、涉县、磁县、永年、临漳等县区均有发现，其中最重要的变化在于彩陶的出现。如1985～1986年发掘的永年石北口遗址，占地面积达200万平方米，在已发掘的2000平方米范围内，共出土各类文物2000余件，除发现大量釜、灶、支脚、鼎、罐、小口壶、钵、碗、器盖等素面陶器外，还发现有众多彩陶钵、碗、盆、壶、罐等器物。此外，武安市赵窑、儒教、陈二庄、磁县下潘汪、界段营、永年县临洺关等遗址，也均有彩陶等遗存的发现，反映了当时的社会生活状况和陶器制作水平。

殷商时期，最能体现当时青铜文化发展水平的当属武安赵窑和磁县下七垣等商代墓葬的发现。其中赵窑遗址于1960年和1975年先后进行过两次发掘，除发现后冈一期文化上、下两期及先商、商、周等多期遗存外，还发掘清理商代墓葬70余座。墓葬规模不等，大者长4～5米，宽3米左右，一棺一椁，随葬品达40～50件，显然属于等级较高的贵族墓葬。出土文物共计380余件，其中包括青铜器175件、玉石器40余件。铜器中既有许多造型古朴、花纹繁缛的觚、爵、斝、鼎、鬲、羊首尊（图51）、瓿、壶等礼器，又有钺、戈、矛、镞、牛首镦等兵器，一些大件器物上还有"矢"字和蛇形族徽。玉石器中的斧、钺、戈、柄状器等，也都是非常难得的实物珍品。1966年12月，在磁县下七垣村南开挖"民有渠"时发现的商代贵族墓葬，共出土夔龙蝉纹鼎（图43、44）、夔龙纹簋、饕餮纹尊、云雷纹提梁卣及觚、爵、弓形器、环首刀等器形厚重、保存完好的青铜器20余件，多数并有"启"、"受"等徽号铭文。这不仅反映了邯郸殷商青铜文化的辉煌成就，同时也为研究商代不同氏族在邯郸境内的分布状况提供了依据。

战国两汉，是邯郸历史上最辉煌的时期，文物遗存也最为丰富。除引人注目的赵都邯郸故城及邯郸周围20余座城邑遗址外，较重要的还有邯郸赵王陵、百家村战国贵族墓群、武安固镇战国墓、涉县北关大型战国墓、市郊张庄桥和车骑关两汉赵王墓以及邯郸西郊战国、汉代墓地的发掘。赵王陵位于邯郸市北约15公里处的邯郸县与永年县境内，1998年二号陵北墓冢发生被盗案件，仅追缴和现场查获的文物即有形象逼真的圆雕铜马、铜兽面铺首、透雕鹿纹金牌饰和玉甲片（图10）等120余件，其中的玉甲片首开汉代玉衣的先河。1978年，在三号陵清理大型陪葬墓一座，墓室为带前后墓道的"中"字形，东西全长77米，椁室分石椁和木椁两层，内置棺木，墓道内分别设殉葬坑和车马坑。墓室被盗，残存随葬品200余件，以车马器构件及小件饰品为主。百家村及齐村战国贵族墓地位于邯郸城西，1956年以来，曾进行过多次发掘，清理古墓150余座、车马陪葬坑9座，其中5座有殉人现象，未经盗掘的M3、M57出土文物达1338件，并有成组的鼎（图64）、豆、壶、盘、舟、敦、罍等青铜礼器和精美的水晶、玛瑙、玉石饰品。固镇古城是战国时期的武安邑，也是秦汉时期的武安县城，古城周围战国汉代墓葬分布非常密集。1978年当地村民在古城内的"王场地"整修农田时，发现两座战国时期的贵族墓葬，出土文物150余件，以铜器为主，并有玉石、玛瑙器等，其中不乏精品之作。1982年发掘的涉县北关大型木椁墓，是赵都邯郸之外发现的最大的一座战国贵族墓葬。墓口原长10余米，宽约8米，深达12米，"积石积炭"木椁结构。随葬品为铜器、玉石器和骨角器，其中既有象征等级身份的由2件镬鼎、7件升鼎、1件羞鼎、4件镈钟（图61）、9件钮钟（图63）、16件甬钟（图62）、10件编磬（图8）及甗、豆、壶、盘、匜、舟、盏、鉴、灯、炭铲、炭耙等组成的一应俱全的礼乐器和生活用具，又有璧、琮、环、佩等玉石饰品和銮铃伞盖等车马器构件，反映了死者生前金鸣玉振、列鼎而食的糜烂生活场面，而如此琳琅满目、保存完整的随葬物品，尤其是成套的钟磬等礼乐器，也是邯郸乃至河北出土文物中所仅见。1970～1972年发掘的市郊张庄桥一、二号汉墓是两座大型多室砖墓，据推测为东汉末年赵王的陵墓。两座墓虽然均经早期盗掘，但残存文物仍十分可观。仅一号墓即出土各类陶器、鎏金铜器、铁器、玉石器、骨角器等160余件，各类饰品和玉衣片等数百件，铜钱5万余枚。其中战国时期的青铜鉴（图71）及东汉"永元"年造铜鉴（图93、94）、"建武"年造鎏金大爵酒樽（图90）、长颈壶、直柄带架熨斗（图96）、龙首长柄熨斗、三足翻盖熏炉、雁足托盘灯、支架托盘灯、金带钩及玉剑珌等，均为十分难得的文物珍品。1975年发掘的车骑关汉墓是一座石砌拱券结构、外部"积石积砂"、内设"黄肠题凑"椁室的大墓，残存器物以陶器为主，有的有"御酒一石"等朱书题记，并出有破碎的西周铜方彝底座和汉代龙首长柄量（图89）等精美器物。据推测，本墓亦属西汉末期赵王的陵墓。此外，建国以后特别是近十多年来，文物工作者还先后在邯郸西部城郊清理战国两汉时期古墓1000余座，其中虽多数为中小贵族和下层平民墓葬且盗扰严重，但也常有保存完好的墓葬和工艺精湛、价值极高的文物发现。如1989年邯郸钢铁厂北门外战国墓出土的网状云雷纹盖鼎、蟠螭纹盖鼎，1995年邯钢厂区M137出土的玛瑙环、玛瑙带钩（图16、19）， 2003年邯钢厂区M119出土的青铜包金骆驼牌饰、包金铜柄铁剑、金盔饰，2005年市第十中学M125汉墓出土的青铜响铃戈（图76）、玉剑珌（图28）、龙形佩、玉靴底（图29）、玉琮（图9）等数十件玉器，以及零散出土的青铜曲柄鸭嘴盉、越式青铜剑、错银云纹镦、错金银或镶松石带钩及玉璧、玉带钩、印章等，充分反映了战国两汉时期邯郸作为赵国都城和全国著名商业都会的社会经济发展水平。

魏晋北朝时期，曹魏、后赵、冉魏、前燕、东魏、北齐各代相继建都于邺，因此，当时的文化遗存也以邺城及其附近各县最为丰富和最具代表性。其中邺城内外除出土大量曹魏、十六国及东魏、北齐时期的砖瓦、瓦当等建筑材料和陶瓷器等生活用具外，1994年在邺城西侧京深高速公路沿线曾发掘数十座魏晋时期的墓葬；2002年赵彭城村西南发掘出土的北朝晚期佛寺塔基中的覆钵形柱础石、砖函和琉璃舍利瓶等，也具有极高的研究价值。当然，邺城附近各县也常有魏晋北朝时期各类精美文物发现，如1976年在邯郸市南郊三堤村北施工时出土西晋时期"关中侯"金印（图105）一枚；1980年永年娄山村西晋墓出土的青瓷辟邪水注、鸡首壶、鎏金铜玄武砚滴、鎏金铜弩机、玉佩饰等，填补了邯郸西晋时期文物藏品的空白。磁县境内的西陵传为魏武帝曹操墓，虽至今未能得到证实，但东魏北齐各帝陵墓、王公贵族墓葬及众多文物屡经发掘出土则是有目共睹的事实。如1987年发掘的推测为北齐文宣帝高洋武宁陵的湾漳大墓，全长52米，墓室长、宽均为7.5米左右，内高12.6米，墓道、甬道及室内全部绘满壁画，在出土的2000余件盗余文物中，有确切位置的陶俑即达1500余件；1976年于大冢营村北发掘的东魏茹茹公主墓，全长约35米，残存文物达1000余件；1975年于东槐树村发掘的北齐左丞相文昭王高润墓，全长达63米，墓室长6.4米，出土文物除大批陶俑外，还有青黄釉龙柄鸡首盘口壶（图129）、青黄釉覆莲纹盖罐（图130）等众多精美的瓷器作品。其他诸如东陈村东魏尧赵氏胡仁、北齐赵州刺史尧峻和孟庄村北齐元良、元始宗墓等，均有数量不等的陶俑及日用陶瓷器等文物出土，为研究当时的丧葬制度、陶瓷烧造业水平提供了重要的实物资料。

隋唐时期，邯郸境内除佛寺遗址外，最重要的发现当属大小不一的墓葬及陶瓷产品。如1973年大名县万堤农场打井时发现的唐魏博节度使何弘敬墓，出土了边长约2米、总厚1.4米、字数达3800余字且精雕细琢、装饰华丽的巨型墓志。邯郸城区及市郊出有黄釉盂、三彩釉盂（图138）、三彩釉单錾注壶、三彩釉小口三足炉等众多釉色晶莹油润的邢窑陶瓷产品。

宋金元时期，邯郸影响最大且最具特色的遗存当属磁州窑陶瓷。磁州窑是我国古代北方著名的民间瓷窑，创烧于五代末期，主要生产碗、盘、盆、罐、瓶、枕等日用陶瓷，装饰技法达50余种，并以釉色黑白分明、装饰豪放明快且富有浓郁的生活气息而深受广大人民喜爱，产品遍及北方各省及朝鲜、日本等国家。邯郸是磁州窑的故乡，遗址主要分布于古磁州境内的漳河和滏阳河两岸，以今磁县观台窑址和峰峰彭城窑址为中心计10余处窑址，构成两大窑址群。自1956年以来磁县观台窑址曾经过数次大面积发掘，发现窑炉10余座，出土瓷器万余件，其中的白釉黑绘龙纹盆（图144）、白釉黑绘缠枝纹花口瓶（图146）等，均为非常少见的珍品。1999年发掘的彭城盐店遗址，也发现多座窑炉，出土瓷片标本等30余万片，年代属元明时期。此外，窑址周围及各县宋元墓葬或窖藏内，也常有非常精美的瓷器发现。如磁县和峰峰矿区征集的各类瓷枕及白釉黑绘龙凤纹罐（图163），邯郸城区墓葬中出土的白釉黑绘花卉纹如意枕、白釉黑绘"乌夜啼"八角枕，邯郸县西填池村出土的白釉黑绘玉壶春瓶，大名县挖渠出土的白釉黑绘线剔海兽衔鱼如意枕（图152），广平县西张孟村窖藏内出土的白釉黑绘双凤纹罐、白釉黑绘"秋露白"罐等，都是磁州窑陶瓷器中极为珍贵的实物资料。

为了反映建国以来邯郸考古工作的成就，展示邯郸文物藏品的风貌，弘扬邯郸悠久的历史文化，我们以本所收藏及参与发掘的出土文物为主，并辅以各兄弟单位的旧藏，精选了不同质地和类别的文物精品170余件，结集出版，以飨读者。

Summary

Handan City, located in south Hebei and bordering Shandong, Henan and Shanxi provinces, administers 19 counties, county-level cities and districts, covering an area of 11,536.6 square kilometers. Within its boundary, the Taihang Mountains lie in the west, the North China Plain extends across the east, and the Zhanghe, Fuyanghe and Minghe rivers and their tributaries interlace with the old way of the Huanghe River. According to archaeological discoveries, the forefathers began to live here hundreds of thousands of years ago. They made unremitting efforts to improve themselves from generation to generation, and created splendid cultures in different historic periods.

The Cishan Culture, dated from more than 8,000 years ago, is the most typical culture among the prehistoric remains of Handan. The Cishan Site, discovered in 1972, has been excavated for over 10 times, with an exposed area of about 7,000 square meters, only 5% of the total size. There, the archaeological workers not only collected specimens of millet, walnut and domestic chicken which advance the history of agriculture and domestic animal breeding for a thousand years, but also unearthed pottery, stone, bone and mussel objects of 10,000 or so including three-foot stone saddle-querns, pestles, tube-like *yu*-vessel, bird-head-shaped stand, deep bellied jar and three-foot bowls, etc., which were significant materials for research into the early and middle Neolithic culture. Both the First Phase of Hougang Culture and the Dasikong Culture, about 5,000 to 7,000 years ago, have an extensive distribution, featuring the production of painted pottery. In 1985 and 1986, from the Shibeikou Site was unearthed over 2,000 objects of various types, comprising painted pottery bowls, basins, jars, pots and baldish pottery cauldron, cooking stove, stand, *ding*, jar, small-mouth jar, etc.

Zhaoyao of Wu'an and Xiaqiyuan of Cixian County are the sites representing the developmental level of bronze culture in Handan. 70-odd tombs in different size have been cleared at the former site, yielding more than 380 bronze wares such as *gu*, *jue*, *jia*, *ding*, *li*, *zun* with sheep head motif, *yue*, *ge*, arrow heads, together with jade and stone objects. From the tombs occupied by the noblemen of the Shang Dynasty at the Xiaqiyuan Site were unearthed over 20 complete bronze wares comprising *ding* with *kui* dragon pattern, *zun* with orge-mark motif, *you* with a handle and pattern of cloud and thunder, *jue*, bow-shaped instrument and knife with loop-like head, etc., most of which were inscribed with signs of clan. These discoveries display the magnificent cultural achievements during the Bronze Age in Handan and pro-vide important materials for the study of clans of the Shang Dynasty there.

Handan reached its peak during the Warring States Period and the Western and Eastern Han Dynasties. The imperial tombs of the Zhao State, situated about 15 kilometers to the north of Handan City, are remarkable remains of the Warring States Period. In 1978, an attendant tomb of the mausoleum No.2 was robbed of more than 120 burial objects including the lively bronze horse, knocker pedestal with animal mask, gold plate with deer pattern in openwork, and jade pieces of burial suit, which have been recovered or seized on the spot. The Tombs of Noblemen of the Warring States Period at Baijia and Qi villages, located to the west of Handan City, have been conducted excavations for many times, with 150-odd tombs and 9 attendant pits of chariot and horse cleared, from which were unearthed bronze ceremonial vessels including groups of *ding*, *dou*, jar, dish, *dui* and *yan*, and exquisite ornaments of crystal, agate and jade. The large-sized of tomb the Warring States Peiod at Beiguan, Shexian County, excavated in 1982, is over 10 meters long, about 8 meters wide and 12 meters deep, buried with bronze ritual vessels, musical instruments and daily use objects such as *ding* for various purposes, 4 *bo*-bells, 9 *niu*-bells, 16 *yong*-bells, chime of 10 stones, *zeng*, *dou*, jar, plate, *yi*, *zhou* and basin, and jade ornaments as well as parts of chariot, showing the luxurious life of the tomb owner. In 1970 to 1972, two multi-chamber tombs were excavated at Zhangzhuangqiao in the suburb of Handan, assumed to be occupied by the kings of the Zhao State at the end of the Eastern Han Dynasty. Despite being stolen in early times, the remains are still abounding, with gilt bronze, iron, jade, stone, bone and horn objects exceeding 160, hundreds of ornaments and jade pieces and over 50,000 copper coins, among which are rare relics such as bronze basins respectively dated to the Warring States Period and the Yongyuan Period of the Eastern Han Dynasty, gilt bronze *zun* cast in the Jianwu Period, long-necked jar, straight handle iron, long handle iron with dragon head pattern, etc.

The site of Ye City is the epitome of Handan during Wei of the Three Kingdoms to the Northern Dynasties for its status of capital. From it were unearthed numerous architectural parts and daily-use pottery vessels. In 2002, stone column footings shaped of overturning bowl, brick case and glazed sarira vase were discovered from the foundation of the Buddhist tower of the Northern Dynasties in the southwest of Zhaopengcheng village. Of course, there are also important finds from the counties around the Ye City. For example, in 1976, a gold seal of "Marquis of guanzhong" was dug out at the Sandi village; in 1980, celadon ewer, jar with chicken head spout, gilt bronze cross-bow trigger and jade ornaments were discovered from a Western Jin tomb of Loushan village, Yongnian County; in 1975, 1976 and 1987, three tombs, said to be owned respectively by Gaorun, emperor of wenzhao of the Northern Qi, Ruru, princess of the Eastern Wei, Gaoyang, emperor of wenxuan of the Northern Qi, were excavated in Cixian County, with murals on the walls of the passages and chambers and exquisite porcelain as burial objects, providing important materials for study of burial system and porcelain manufacturing industry of that time.

In addition to the Buddhist temple site, the tombs of different sizes and various porcelain wares fall into the important discoveries of the Sui and Tang Dynasties in Handan. From the tomb of He Hongjing, a governor of the Tang Dynasty, was discovered a huge grave marker inscribed elaborately with over 3,800 characters. In the Handan City proper and its suburb are unearthed numerous porcelain wares from the Xing kilns, represented by yellow glazed *yu*, tri-colored vessels such as *yu*, ewer with single handle and tri-legged burner with a small mouth.

The ceramics from Cizhou kilns are typical of Handan in the Song, Jin and

Yuan Dynasties. They were first fired at the end of the Five Dynasties and mainly constituted such daily use wares as bowls, plates, basins, jars, vases, decorated by methods of more than 50, favored by civilians for their sharply contrasted white and black glaze, lucid and lively decoration and the rich flavor of life, and exported to foreign counties such as Korea and Japan. In Handan, hometown of the Cizhou wares, have been discovered two groups of kiln sites, respectively surrounding the Guantai kiln site of Cixian County and Pengcheng kiln site of Fengfeng Mining Area. From the Guantai kiln site are found rare objects such as white glazed basin with black dragon pattern and white glazed flower-mouthed vase with black interlocking branches.

In order to display the archaeological fruits of Handan since the founding of the People's Republic of China, and progagate its time-honored historic culture, we edit this book based on the relics unearthed by the Handan City Institute of Cultural Relics and some relics collected by the related working units.

图 版 目 录

27	玉剑首	战国（公元前 475～前 221 年）
28	玉剑珌	西汉（公元前 206～公元 8 年）
29	玉靴底	西汉（公元前 206～公元 8 年）
30	玉簪	西汉（公元前 206～公元 8 年）
31	玉锉形器	西汉（公元前 206～公元 8 年）
32	条形云纹玉佩	西汉（公元前 206～公元 8 年）
33	玉印章	西汉（公元前 206～公元 8 年）
34	玉印章	西汉（公元前 206～公元 8 年）
35	白石七星枕	东汉（公元 25～220 年）
36	雁柱石灯	东汉（公元 25～220 年）
37	玉剑珌	东汉（公元 25～220 年）
38	玉佩饰	西晋（公元 265～316 年）
39	白石插座	西晋（公元 265～316 年）
40	斑石插座	西晋（公元 265～316 年）
41	饕餮纹铜鬲	商（公元前 16～前 11 世纪）
42	饕餮纹铜鼎	商（公元前 16～前 11 世纪）
43	夔龙蝉纹铜鼎	商（公元前 16～前 11 世纪）
44	"中启"夔龙蝉纹铜鼎	商（公元前 16～前 11 世纪）
45	饕餮纹铜觚	商（公元前 16～前 11 世纪）
46	"矢"四棱饕餮纹铜觚	商（公元前 16～前 11 世纪）
47	单柱平底铜爵	商（公元前 16～前 11 世纪）
48	"启"饕餮纹铜爵	商（公元前 16～前 11 世纪）
49	饕餮纹平底铜斝	商（公元前 16～前 11 世纪）
50	饕餮纹铜斝	商（公元前 16～前 11 世纪）
51	羊首饕餮纹铜尊	商（公元前 16～前 11 世纪）
52	饕餮纹铜尊	商（公元前 16～前 11 世纪）
53	饕餮纹铜贯耳扁壶	商（公元前 16～前 11 世纪）
54	回形云雷纹铜瓿	商（公元前 16～前 11 世纪）
55	云雷纹提梁铜卣	商（公元前 16～前 11 世纪）
56	穿孔铜钺	商（公元前 16～前 11 世纪）
57	长骹双系铜矛	商（公元前 16～前 11 世纪）

58	牛首铜镦	商（公元前16～前11世纪）
59	歧冠曲内铜戈	商（公元前16～前11世纪）
60	铜弓形器	商（公元前16～前11世纪）
61	铜编镈	战国（公元前475～前221年）
62	铜编钟（甬钟）	战国（公元前475～前221年）
63	铜编钟（钮钟）	战国（公元前475～前221年）
64	环钮蟠螭纹铜盖鼎	战国（公元前475～前221年）
65	环钮蟠虺纹铜盖鼎	战国（公元前475～前221年）
66	环钮网状雷纹铜盖鼎	战国（公元前475～前221年）
67	卧兽衔环钮云雷纹铜盖鼎	战国（公元前475～前221年）
68	鬲式分体铜甗	战国（公元前475～前221年）
69	蟠螭纹铜盉	战国（公元前475～前221年）
70	双耳三足铜盘	战国（公元前475～前221年）
71	马首四耳蟠螭纹铜鉴	战国（公元前475～前221年）
72	鸭首曲柄三足铜盉	战国（公元前475～前221年）
73	曲柄三足铜灯	战国（公元前475～前221年）
74	铜剑	战国（公元前475～前221年）
75	铜剑	战国（公元前475～前221年）
76	响铃铜戈	战国（公元前475～前221年）
77	错银铜镦	战国（公元前475～前221年）
78	方环带刺铜马衔	战国（公元前475～前221年）
79	错金银嵌松石铜带钩	战国（公元前475～前221年）
80	错金铜带钩	战国（公元前475～前221年）
81	蹲兽银带钩	战国（公元前475～前221年）
82	蝎形银带钩	战国（公元前475～前221年）
83	飞禽形铜带钩	西汉（公元前206～公元8年）
84	错金银铜带钩	西汉（公元前206～公元8年）
85	包金铜柄铁剑	西汉（公元前206～公元8年）
86	泡形金扣饰	西汉（公元前206～公元8年）
87	兽面金盉饰	西汉（公元前206～公元8年）
88	兽面金盉饰	西汉（公元前206～公元8年）

89	龙首长柄铜量	西汉（公元前 206～公元 8 年）
90	金涂承盘大爵酒樽	东汉建武廿三年（公元 47 年）
91	釜式分体铜甗	东汉（公元 25～220 年）
92	长颈鸟兽纹铜投壶	东汉（公元 25～220 年）
93	铺首衔环弦纹铜鉴	东汉永元三年（公元 91 年）
94	铺首环耳弦纹铜鉴	东汉永元四年（公元 92 年）
95	双鱼纹铜洗	东汉（公元 25～220 年）
96	带架长柄铜熨斗	东汉（公元 25～220 年）
97	龙首长柄铜熨斗	东汉（公元 25～220 年）
98	金涂承盘三足翻盖铜熏炉	东汉（公元 25～220 年）
99	铜博山炉	东汉（公元 25～220 年）
100	承盘雁足铜灯	东汉（公元 25～220 年）
101	高柄套盘三插铜灯	东汉（公元 25～220 年）
102	错金嵌松石铜带钩	东汉（公元 25～220 年）
103	金带钩	东汉（公元 25～220 年）
104	鎏金银刻铜弩机	西晋（公元 265～316 年）
105	龟钮"关中侯"金印	西晋（公元 265～316 年）
106	陶盂　陶支脚	新石器时代磁山文化（约公元前 6000 年）
107	红陶鸟头形器盖	新石器时代后冈一期文化（约公元前 4800～前 4000 年）
108	陶器盖	新石器时代后冈一期文化（约公元前 4800～前 4000 年）
109	红陶小口双耳罐	新石器时代后冈一期文化（约公元前 4800～前 4000 年）
110	红陶小口壶	新石器时代后冈一期文化（约公元前 4800～前 4000 年）
111	彩陶小口壶	新石器时代后冈一期文化（约公元前 4800～前 4000 年）
112	"红顶"陶钵	新石器时代后冈一期文化（约公元前 4800～前 4000 年）
113	"红顶"陶钵	新石器时代后冈一期文化（约公元前 4800～前 4000 年）
114	红彩陶钵	新石器时代后冈一期文化（约公元前 4800～前 4000 年）
115	黑彩陶钵	新石器时代后冈一期文化（约公元前 4800～前 4000 年）
116	红彩陶钵	新石器时代后冈一期文化（约公元前 4800～前 4000 年）
117	彩陶钵	新石器时代大司空村文化（约公元前 3500～前 3000 年）
118	陶灶	新石器时代大司空村文化（约公元前 3500～前 3000 年）
119	莲盖龙虎纹彩绘陶壶	战国（公元前 475～前 221 年）

120	莲盖龙虎纹彩绘陶壶	战国（公元前475～前221年）
121	彩绘陶壶	西汉（公元前206～公元8年）
122	彩绘陶壶	西汉（公元前206～公元8年）
123	陶熏炉	西汉（公元前206～公元8年）
124	陶熏炉	西汉（公元前206～公元8年）
125	绿釉陶盖壶	东汉（公元25～220年）
126	青釉双系盘口壶	东汉（公元25～220年）
127	青釉双系鸡首壶	西晋（公元265～316年）
128	酱釉四系罐	东魏（公元534～550年）
129	青黄釉龙柄鸡首盘口壶	北齐（公元550～577年）
130	青黄釉覆莲纹盖罐	北齐（公元550～577年）
131	青黄釉小口罐	北齐（公元550～577年）
132	陶盘　青釉碗	北齐（公元550～577年）
133	青釉腰脊四系罐	隋（公元581～618年）
134	青釉兽面纹扁壶	隋（公元581～618年）
135	三彩釉小口三足炉	唐（公元618～907年）
136	黑釉弦纹曲腹罐	唐（公元618～907年）
137	黄釉敛口盂	唐（公元618～907年）
138	三彩釉敛口盂	唐（公元618～907年）
139	黄釉单鋬双系注壶	唐（公元618～907年）
140	三彩釉单鋬注壶	唐（公元618～907年）
141	白釉剔刻牡丹纹盘口瓶	北宋（公元960～1127年）
142	白釉亚腰长方枕	北宋（公元960～1127年）
143	绿釉划花人物花草纹元宝枕	北宋（公元960～1127年）
144	白釉黑绘线剔龙纹大盆	金（公元1115～1234年）
145	白釉梅瓶	金（公元1115～1234年）
146	白釉黑绘缠枝纹花口瓶	金（公元1115～1234年）
147	白釉黑绘折枝牡丹梅瓶	金（公元1115～1234年）
148	白釉黑绘缠枝芍药梅瓶	金（公元1115～1234年）
149	绿釉黑绘线剔折枝牡丹大口瓶	金（公元1115～1234年）
150	黄绿釉雕花划荷扇面枕	金（公元1115～1234年）

151 白釉黑绘花卉纹椭圆枕   金（公元1115～1234年）

152 白釉黑绘线剔海兽衔鱼椭圆枕   金大定五年（公元1165年）

153 白釉黑绘线剔之字纹椭圆枕   金（公元1115～1234年）

154 白釉黑绘卧虎望月图长方枕   金（公元1115～1234年）

155 白釉黑绘君臣夜谈图长方枕   金（公元1115～1234年）

156 白釉黑绘神仙故事图长方枕   金（公元1115～1234年）

157 白釉黑绘相如题桥图长方枕   金（公元1115～1234年）

158 白釉黑绘童子牧鸭图长方枕   金（公元1115～1234年）

159 白釉黑绘诗文八角枕   金（公元1115～1234年）

160 白釉黑绘"乌夜啼"词八角枕   金（公元1115～1234年）

161 白釉黑绘四系瓶   元（公元1271～1368年）

162 白釉黑绘玉壶春瓶   元（公元1271～1368年）

163 白釉黑绘龙凤纹罐   元（公元1271～1368年）

164 白釉黑绘双凤纹罐   元（公元1271～1368年）

165 白釉黑绘"秋露白"罐   元（公元1271～1368年）

166 白釉黑绘鱼藻纹盆   元（公元1271～1368年）

167 白釉黑绘鱼藻纹盆   元（公元1271～1368年）

168 白釉黑绘飞鹰逐兔图长方枕   元（公元1271～1368年）

169 白地黑绘陈桥兵变图长方枕   元（公元1271～1368年）

170 白釉黑绘人物故事图长方枕   元（公元1271～1368年）

List of Plates

24	Agate tube in bamboo-joint form	Warring States Period (475~221BC)
25	Jade ornament with whorl pattern	Warring States Period (475~221BC)
26	Jade scabbard slide	Warring States Period (475~221BC)
27	Jade sword pommel inset	Warring States Period (475~221BC)
28	Jade chape	Western Han Dynasty (206BC~8AD)
29	Jade sole of a boot	Western Han Dynasty (206BC~8AD)
30	Jade hairpin	Western Han Dynasty (206BC~8AD)
31	Jade file-shaped object	Western Han Dynasty (206BC~8AD)
32	Jade pendant with cloud pattern	Western Han Dynasty (206BC~8AD)
33	Jade seal	Western Han Dynasty (206BC~8AD)
34	Jade seal	Western Han Dynasty (206BC~8AD)
35	White stone pillow with design of the Big Dipper	Eastern Han Dynasty (25~220AD)
36	Stone lamp with wild goose stem	Eastern Han Dynasty (25~220AD)
37	Jade chape	Eastern Han Dynasty (25~220AD)
38	Jade pendant	Western Jin (265~316AD)
39	White stone socket	Western Jin (265~316AD)
40	Spotted stone socket	Western Jin (265~316AD)
41	Bronze li-vessel with ogre-mask design	Shang Dynasty (1600~1028BC)
42	Bronze *ding*-vessel with ogre-mask design	Shang Dynasty (1600~1028BC)
43	Bronze *ding*-vessel with *kui* dragon and cicada design	Shang Dynasty (1600~1028BC)
44	Inscribed bronze *ding*-vessel with *kui* dragon and cicada design	Shang Dynasty (1600~1028BC)
45	Bronze *gu*-vessel with ogre-mask design	Shang Dynasty (1600~1028BC)
46	Inscribed bronze *gu*-vessel with ogre-mask design	Shang Dynasty (1600~1028BC)
47	Bronze flat-bottomed jue-vessel with a single column	Shang Dynasty (1600~1028BC)
48	Inscribed bronze *jue*-vessel with ogre-mask design	

Shang Dynasty (1600~1028BC)

49 Bronze flat-bottomed *jia*-vessel with ogre-mask design

Shang Dynasty (1600~1028BC)

50 Bronze *jia*-vessel with ogre-mask design   Shang Dynasty (1600~1028BC)

51 Bronze *zun*-vessel with sheep-head and ogre-mask motif

Shang Dynasty (1600~1028BC)

52 Bronze *zun*-vessel with ogre-mask design

Shang Dynasty (1600~1028BC)

53 Flask with lugs and ogre-mask motif   Shang Dynasty (1600~1028BC)

54 Bronze *bu*-vessel with cloud and thunder pattern

Shang Dynasty (1600~1028BC)

55 Bronze *you*-vessel with a handle and pattern of cloud and thunder

Shang Dynasty (1600~1028BC)

56 Bronze *yue*-axe with hole   Shang Dynasty (1600~1028BC)

57 Long-hilted bronze *mao*-spear with double rings

Shang Dynasty (1600~1028BC)

58 Bronze socket with ox-head motif   Shang Dynasty (1600~1028BC)

59 Bronze *ge* with curved tang   Shang Dynasty (1600~1028BC)

60 Bronze bow-shaped instrument   Shang Dynasty (1600~1028BC)

61 Bronze chime of bo-bells   Warring States Period (475~221BC)

62 Bronze chime of *yong*-bells   Warring States Period (475~221BC)

63 Bronze chime of *niu*-bells   Warring States Period (475~221BC)

64 Bronze *ding*-vessel with interlaced hydra design

Warring States Period (475~221BC)

65 Bronze *ding*-vessel with a lid and coiled serpent design

Warring States Period (475~221BC)

66 Bronze *ding*-vessel with a lid and net-like thunder design

Warring States Period (475~221BC)

67 Bronze *ding*-vessel with knobs of lying beasts holding loop in the mouth
and thunder motif   Warring States Period (475~221BC)

68 Bronze *li*-shaped *yan*-vessel   Warring States Period (475~221BC)

69 Bronze *pu*-vessel with interlaced hydra design

Warring States Period (475~221BC)

70 Bronze plate with double ear and three feet

Warring States Period (475~221BC)

71 Bronze *jian*-basin with interlaced hydra motif and four horse-head ears

Warring States Period (475~221BC)

72 Bronze *he*-vessel with duck-head-shaped handle and three feet

Warring States Period (475~221BC)

73 Tri-footed bronze lamp with curved handle

Warring States Period (475~221BC)

74 Bronze sword   Warring States Period (475~221BC)

75 Bronze sword   Warring States Period (475~221BC)

76 Bronze ge   Warring States Period (475~221BC)

77 Bronze socket inlaid with gold   Warring States Period (475~221BC)

78 Bronze snaffle with square rings   Warring States Period (475~221BC)

79 Gold and silver inlaid bronze belt hook inset with turquoise

Warring States Period (475~221BC)

80 Gold inlaid bronze belt hook   Warring States Period (475~221BC)

81 Silver belt hook in crouching animal form

Warring States Period (475~221BC)

82 Silver belt hook in a scorpion form   Warring States Period (475~221BC)

83 Belt hook in fowl form   Western Han Dynasty (206BC~8AD)

84 Gold and silver inlaid bronze belt hook

Western Han Dynasty (206BC~8AD)

85 Gold-covered iron sword with bronze handle

Western Han Dynasty (206BC~8AD)

86 Gold button ornament shaped of bubble

Western Han Dynasty (206BC~8AD)

87 Gold helmet ornament with animal-mask motif

Western Han Dynasty (206BC~8AD)

88 Gold helmet ornament with animal-mask motif

Western Han Dynasty (206BC~8AD)

89 Bronze measure with dragon head motif

Western Han Dynasty (206BC~8AD)

90 Gold-painted wine vessel with a plate

23rd year of Jianwu Period of Eastern Han Dynasty (47AD)

91 Bronze *fu*-shaped *yan*-vessel   Eastern Han Dynasty (25~220AD)

92 Bronze ewer with bird and animal pattern

Eastern Han Dynasty (25~220AD)

93 Bronze *jian*-basin with beast head ring handles and cord pattern

3rd year of Yongyuan Period of Eastern Han Dynasty (91AD)

94 Bronze *jian*-basin with beast head ring handles and cord pattern

4th year of Yongyuan Period of Eastern Han Dynasty (92AD)

95 Bronze *xi*-basin with double fish pattern

Eastern Han Dynasty (25~220AD)

96 Bronze iron with a long handle and stand

Eastern Han Dynasty (25~220AD)

97 Bronze iron with a long handle bearing a dragon's head end

Eastern Han Dynasty (25~220AD)

98 Gold-painted bronze incense burner with three feet and a plate

Eastern Han Dynasty (25~220AD)

99 Bronze Boshan incense burner   Eastern Han Dynasty (25~220AD)

100 Bronze lamp with wild goose foot and a plate

Eastern Han Dynasty (25~220AD)

101 Bronze lamp with high stem   Eastern Han Dynasty (25~220AD)

102 Gold inlaid bronze belt hook inserted with turquoise

Eastern Han Dynasty(25~220AD)

103 Gold belt hook   Eastern Han Dynasty (25~220AD)

104 Gold-painted and silver inlaid bronze cross-bow trigger

Western Jin (265~316AD)

105 Gold seal with tortoise knob and "marquis of guanzhong"

Western Jin (265~316AD)

122	Painted pottery jar	Western Han Dynasty (206BC~8AD)
123	Pottery incense burner	Western Han Dynasty (206BC~8AD)
124	Pottery incense burner	Western Han Dynasty (206BC~8AD)
125	Green glazed jar with a lid	Eastern Han Dynasty (25~220AD)
126	Celadon jar with dish-like mouth and double ring	
		Eastern Han Dynasty (25~220AD)
127	Celadon jar with chicken-head spout and double ring	
		Western Jin (265~316AD)
128	Brown glazed jar with four handles	Eastern Wei (534~550AD)
129	Blue and yellow glazed jar with dish-like mouth and chicken-head spout	
	and dragon handle	Northern Qi (550~577AD)
130	Blue and yellow glazed covered jar with overturning lotus design	
		Northern Qi (550~577AD)
131	Blue and yellow glazed jar with small mouth	
		Northern Qi (550~577AD)
132	Pottery plate and celadon bowl	Northern Qi (550~577AD)
133	Celadon jar with four rings	Sui Dynasty (581~618AD)
134	Celadon fiat flask with animal mask motif	Sui Dynasty (581~618AD)
135	Tri-colored burner with small mouth and three feet	
		Tang Dynasty (618~907AD)
136	Black glazed jar with curved belly and cord pattern	
		Tang Dynasty (618~907AD)
137	Yellow *yu*-vessel with inward rim	Tang Dynasty (618~907AD)
138	Tri-colored *yu*-vessel with inward rim	Tang Dynasty (618~907AD)
139	Yellow glazed ewer with a handle and double rings	
	Tang Dynasty (618~907AD)	
140	Tri-colored ewer with a handle	Tang Dynasty (618~907AD)
141	White glazed vase carved with lotus pattern	
		Northern Song Dynasty (960~1127AD)
142	White glazed rectangular pillow with narrow waist	
		Northern Song Dynasty (960~1127AD)

143 Green glazed pillow with incised pattern of figure and flower

Northern Song Dynasty (960~1127AD)

144 White glazed basin with black design of incised dragon

Jin Dynasty (1115~1234AD)

145 White glazed prunus vase   Jin Dynasty (1115~1234AD)

146 White glazed vase with flower-shaped mouth and black design of

interlocking branches   Jin Dynasty (1115~1234AD)

147 White glazed prunus vase with black design of incised folding peony

Jin Dynasty (1115~1234AD)

148 White glazed prunus vase with black design of interlocking peony

Jin Dynasty (1115~1234AD)

149 White glazed prunus vase with black design of folding peony

Jin Dynasty (1115~1234AD)

150 Yellow and green glazed pillow carved with flower pattern

Jin Dynasty (1115~1234AD)

151 White glazed pillow with black design of floral pattern

Jin Dynasty (1115~1234AD)

152 White glazed elliptic pillow with black design of incised sea animal with

fish in mouth   5th year of Dading Period of Jin Dynasty (1165AD)

153 White glazed elliptic pillow with black pattern of incised zigzag

Jin Dynasty (1115~1234AD)

154 White glazed pillow with black design of crouching tiger watching the

moon   Jin Dynasty (1115~1234AD)

155 White glazed pillow with black design of monarch and his minister talking

at night   Jin Dynasty (1115~1234AD)

156 White glazed pillow with black design of a story of immortals

Jin Dynasty (1115~1234AD)

157 White glazed pillow with black design of Sima Xiangru writing poem at

the end of a bridge   Jin Dynasty (1115~1234AD)

158 White glazed pillow with black design of child herding ducks

Jin Dynasty (1115~1234AD)

1　石磨盘　石磨棒　新石器时代磁山文化（约公元前 6000 年）
Stone saddle-quern and pestle, Cishan Culture of Neolithic Period（about 6000BC）

2　长方形飞棱玉钺　商（公元前 16～前 11 世纪）
Rectangular jade *yue*-axe, Shang Dynasty (1600～1028BC)

3　微肩弧刃玉钺　商（公元前 16～前 11 世纪）
Jade *yue*-axe with curved edge, Shang Dynasty (1600～1028BC)

4　玉戈　商（公元前16～前11世纪）
　Jade *ge*, Shang Dynasty (1600～1028BC)

5　石戈　商（公元前16～前11世纪）
　Stone *ge*, Shang Dynasty (1600～1028BC)

6 玉柄状器 商（公元前 16～前 11 世纪）
Jade object in a handle form, Shang Dynasty (1600～1028BC)

7 玉柄状器 商（公元前 16～前 11 世纪）
Jade object in a handle form, Shang Dynasty (1600～1028BC)

8　石编磬　战国（公元前475～前221年）
Chime of stones , Warring States Period (475～221BC)

9　玉石琮　战国（公元前 475～前 221 年）

Jade *cong*, Warring States Period (475～221BC)

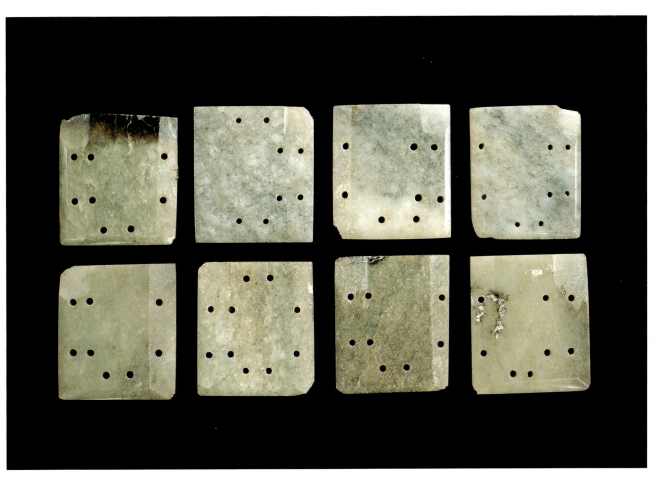

10　玉甲片　战国（公元前 475～前 221 年）
Jade pieces from an amour, Warring States Period (475～221BC)

11　涡纹玉瑗　战国（公元前 475～前 221 年）
　　Jade *yuan* with whorl pattern, Warring States Period (475～221BC)

12　谷纹玉瑗　战国（公元前 475～前 221 年）
Jade *yuan* with grain pattern, Warring States Period (475～221BC)

13 涡纹玉瑗 战国（公元前 475～前 221 年）
Jade *yuan* with whorl pattern, Warring States Period (475～221BC)

14 玉环 战国（公元前 475～前 221 年）
Jade *huan*-disc, Warring States Period (475～221BC)

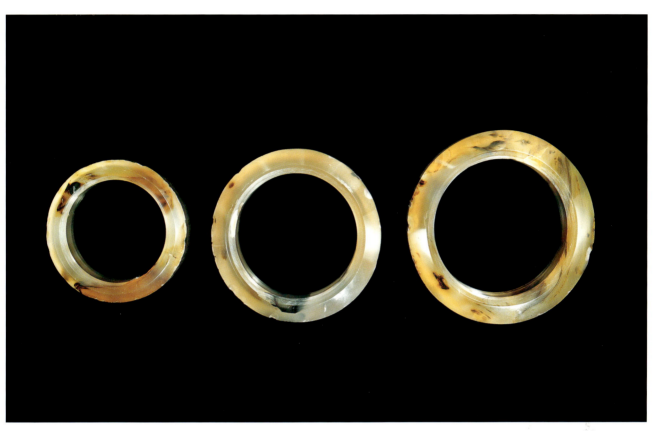

15　玛瑙环　战国（公元前475～前221年）
Agate *huan*-disc, Warring States Period (475～221BC)

16 大玛瑙环 战国（公元前 475～前 221 年）
Big agate *huan*-disc, Warring States Period (475～221BC)

17　红玛瑙环　战国（公元前475～前221年）
Red agate *huan*-disc, Warring States Period (475～221BC)

18　水晶环　战国（公元前475～前221年）
Crystal *huan*-disc, Warring States Period (475～221BC)

19　红玛瑙带钩　战国（公元前475～前221年）
Red agate belt hook, Warring States Period (475～221BC)

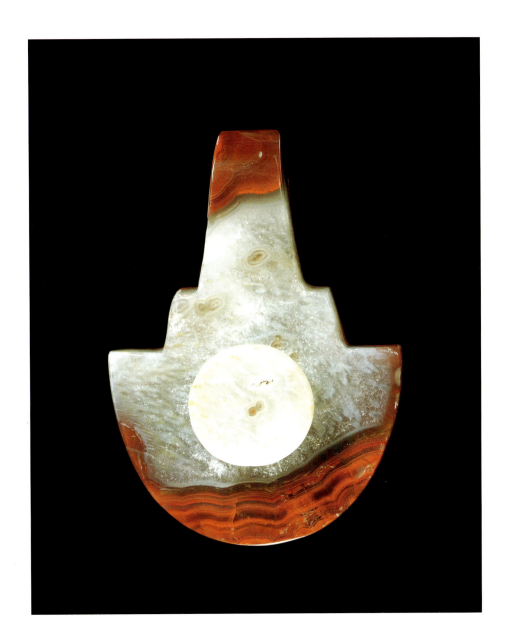

20　马头形玉带钩　战国（公元前475～前221年）
　　Jade belt hook with a horse-head end, Warring States Period (475～221BC)

21 水晶松石项饰 战国（公元前475～前221年）
Necklace of crystal and turquoise beads, Warring States Period (475～221BC)

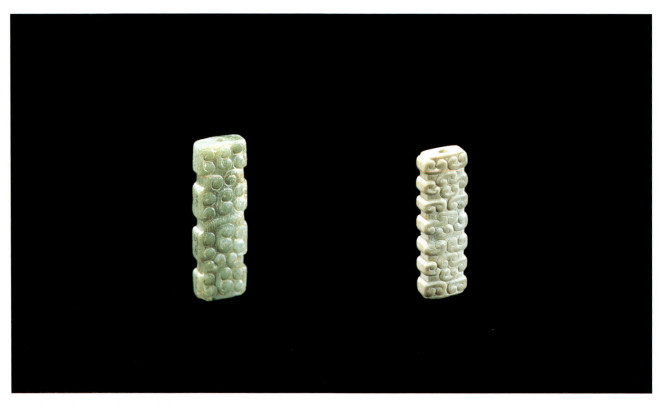

22　条形云纹玉佩　战国（公元前475～前221年）
　　Jade pendant with cloud pattern, Warring States Period (475～221BC)

23　玛瑙觿　战国（公元前475～前221年）
　　Agate *xi*, Warring States Period (475～221BC)

24 玛瑙竹节管 战国（公元前475～前221年）
Agate tube in bamboo-joint form, Warring States Period（475～221BC）

25 涡纹柱状玉饰 战国（公元前475～前221年）
Jade ornament with whorl pattern, Warring States Period（475～221BC）

26 玉剑璲 战国（公元前475～前221年）
Jade scabbard slide, Warring States Period (475～221BC)

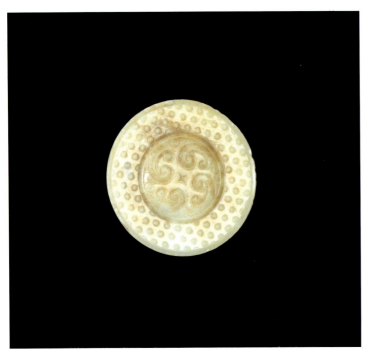

27 玉剑首 战国（公元前475～前221年）
Jade sword pommel inset, Warring States Period (475～221BC)

28　玉剑珌　西汉（公元前206～公元8年）
Jade chape, Western Han Dynasty (206BC～8AD)

29 玉靴底 西汉（公元前 206～公元 8 年）
Jade sole of a boot, Western Han Dynasty (206BC～8AD)

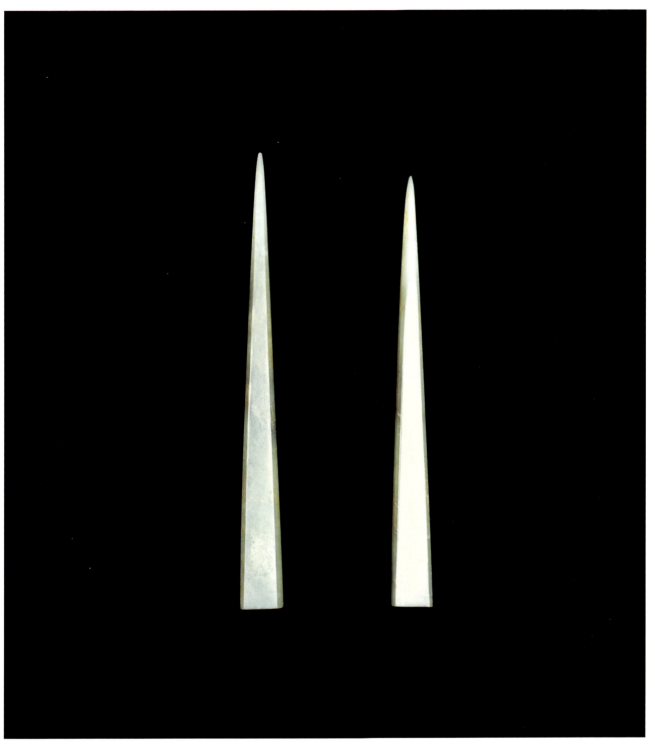

30　玉簪　西汉（公元前206～公元8年）
Jade hairpin, Western Han Dynasty (206BC～8AD)

31 玉锉形器 西汉（公元前206～公元8年）
　　Jade file-shaped object, Western Han Dynasty (206BC～8AD)

32 条形云纹玉佩 西汉（公元前206～公元8年）
Jade pendant with cloud pattern, Western Han Dynasty (206BC～8AD)

33　玉印章　西汉（公元前 206～公元 8 年）
　　Jade seal, Western Han Dynasty (206BC～8AD)

34　玉印章　西汉（公元前 206～公元 8 年）
　　Jade seal, Western Han Dynasty (206BC～8AD)

35 白石七星枕　东汉（公元25～220年）
White stone pillow with design of the Big Dipper, Eastern Han Dynasty (25～220AD)

36 雁柱石灯　东汉（公元25～220年）
Stone lamp with wild goose stem, Eastern Han Dynasty (25～220AD)

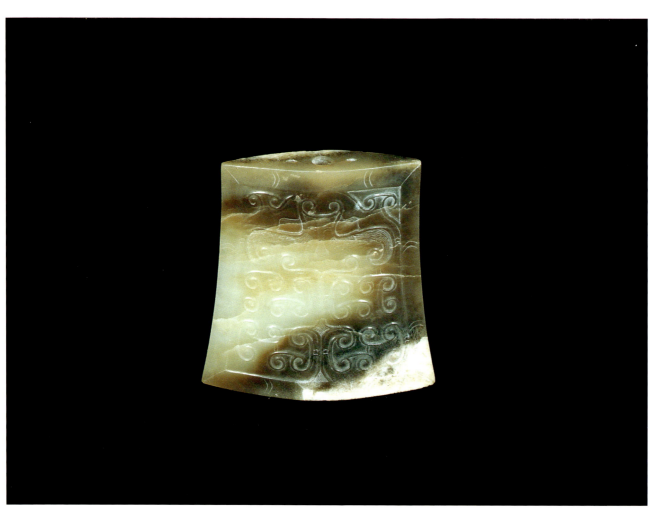

37 玉剑珌 东汉（公元25~220年）
Jade chape, Eastern Han Dynasty (25~220AD)

38　玉佩饰　西晋（公元265～316年）
Jade pendant, Western Jin (265～316AD)

39 白石插座 西晋（公元265～316年）
White stone socket, Western Jin (265～316AD)

40　斑石插座　西晋（公元265～316年）
Spotted stone socket, Western Jin (265～316AD)

41 饕餮纹铜鬲 商（公元前16～前11世纪）
Bronze *li*-vessel with ogre-mask design, Shang Dynasty (1600～1028BC)

42 饕餮纹铜鼎 商（公元前16～前11世纪）
Bronze *ding*-vessel with ogre-mask design, Shang Dynasty (1600～1028BC)

43 夔龙蝉纹铜鼎 商（公元前16～前11世纪）
Bronze *ding*-vessel with *kui* dragon and cicada design, Shang Dynasty (1600～1028BC)

44　"中启"夔龙蝉纹铜鼎　商（公元前16～前11世纪）

Inscribed bronze *ding*-vessel with *kui* dragon and cicada design, Shang Dynasty (1600～1028BC)

45 饕餮纹铜觚 商（公元前16～前11世纪）
Bronze *gu*-vessel with ogre-mask design, Shang Dynasty (1600～1028BC)

46 "矢"四棱饕餮纹铜觚 商（公元前16～前11世纪）
Inscribed bronze *gu*-vessel with ogre-mask design, Shang Dynasty (1600～1028BC)

47　单柱平底铜爵　商（公元前 16～前 11 世纪）
Bronze flat-bottomed *jue*-vessel with a single column, Shang Dynasty (1600～1028BC)

48 "启"饕餮纹铜爵 商（公元前 16～前 11 世纪）
Inscribed bronze *jue*-vessel with ogre-mask design, Shang Dynasty (1600～1028BC)

50 饕餮纹铜斝 商（公元前 16～前 11 世纪）
Bronze *jia*-vessel with ogre-mask design, Shang Dynasty (1600～1028BC)

49 饕餮纹平底铜斝 商（公元前 16～前 11 世纪）
Bronze flat-bottomed *jia*-vessel with ogre-mask design, Shang Dynasty (1600～1028BC)

52 饕餮纹铜尊 商（公元前16～前11世纪）
Bronze *zun*-vessel with ogre-mask design, Shang Dynasty (1600～1028BC)

51 羊首饕餮纹铜尊 商（公元前16～前11世纪）
Bronze *zun*-vessel with sheep-head and ogre-mask motif, Shang Dynasty (1600～1028BC)

53 饕餮纹铜贯耳扁壶 商（公元前16～前11世纪）
Flask with lugs and ogre-mask motif, Shang Dynasty (1600～1028BC)

54 回形云雷纹铜瓿 商（公元前16~前11世纪）
Bronze *bu*-vessel with cloud and thunder pattern, Shang Dynasty (1600~1028BC)

55 云雷纹提梁铜卣 商（公元前 16～前 11 世纪）
Bronze *you*-vessel with a handle and pattern of cloud and thunder, Shang Dynasty (1600～1028BC)

56　穿孔铜钺　商（公元前 16～前 11 世纪）
Bronze *yue*-axe with hole, Shang Dynasty (1600～1028BC)

57　长骹双系铜矛　商（公元前 16～前 11 世纪）
Long-hilted bronze *mao*-spear with double rings,
Shang Dynasty (1600～1028BC)

58　牛首铜镦　商（公元前 16～前 11 世纪）
Bronze socket with ox-head motif, Shang Dynasty
(1600～1028BC)

59 歧冠曲内铜戈　商（公元前16～前11世纪）
Bronze *ge* with curved tang, Shang Dynasty (1600～1028BC)

60 铜弓形器　商（公元前16～前11世纪）
Bronze bow-shaped instrument, Shang Dynasty (1600～1028BC)

61 铜编镈 战国（公元前 475～前 221 年）
Bronze chime of *bo*-bells, Warring States Period (475～221BC)

62 铜编钟（甬钟） 战国（公元前475～前221年）
Bronze chime of *yong*-bells, Warring States Period (475～221BC)

63　铜编钟（钮钟）　战国（公元前475～前221年）
Bronze chime of *niu*-bells, Warring States Period (475～221BC)

64　环钮蟠螭纹铜盖鼎　战国（公元前 475～前 221 年）
Bronze *ding*-vessel with interlaced hydra design, Warring States Period (475～221BC)

65　环钮蟠螭纹铜盖鼎　战国（公元前475～前221年）
Bronze *ding*-vessel with a lid and coiled serpent design, Warring States Period (475～221BC)

66 环钮网状雷纹铜盖鼎 战国（公元前475～前221年）
Bronze *ding*-vessel with a lid and net-like thunder design, Warring States Period (475～221BC)

67　卧兽衔环钮云雷纹铜盖鼎　战国（公元前 475～前 221 年）
Bronze *ding*-vessel with knobs of lying beasts holding loop in the mouth and thunder motif, Warring States Period (475～221BC)

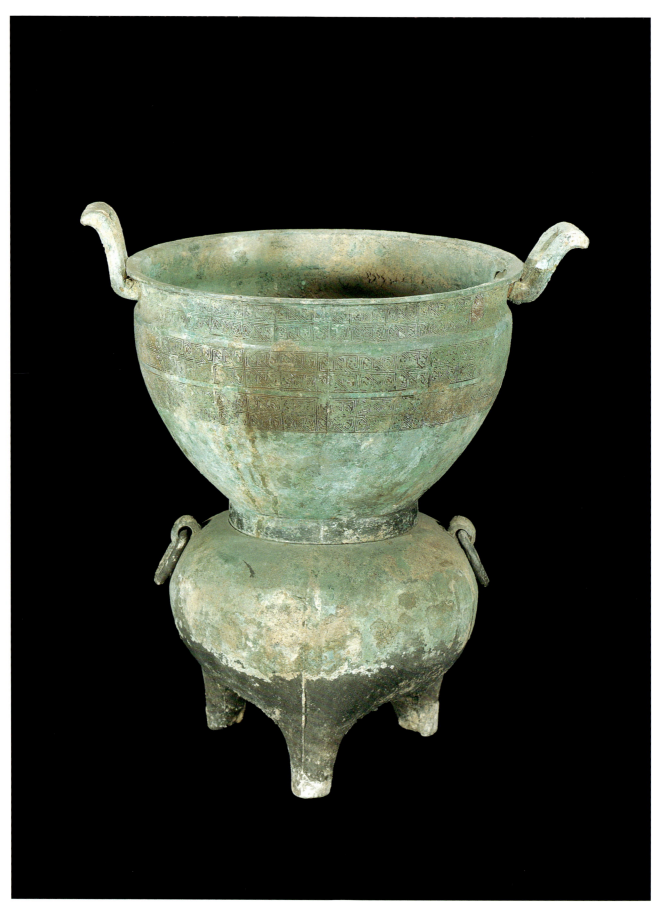

68　鬲式分体铜甗　战国（公元前 475～前 221 年）
Bronze *li*-shaped *yan*-vessel, Warring States Period (475～221BC)

69　蟠螭纹铜盏　战国（公元前475～前221年）
Bronze *pu*-vessel with interlaced hydra design, Warring States Period (475～221BC)

70　双耳三足铜盘　战国（公元前475～前221年）
Bronze plate with double ear and three feet, Warring States Period (475～221BC)

71 马首四耳蟠螭纹铜鉴 战国（公元前475～前221年）
Bronze *jian*-basin with interlaced hydra motif and four horse-head ears, Warring States Period (475～221BC)

72　鸭首曲柄三足铜盉　战国（公元前 475~前 221 年）
Bronze *he*-vessel with duck-head-shaped handle and three feet, Warring States Period (475~221BC)

73　曲柄三足铜灯　战国（公元前475～前221年）
Tri-footed bronze lamp with curved handle, Warring States Period (475～221BC)

74 铜剑 战国（公元前 475～前 221 年）
Bronze sword, Warring States Period (475～221BC)

75　铜剑　战国（公元前 475～前 221 年）
　　Bronze sword, Warring States Period (475～221BC)

76　响铃铜戈　战国（公元前475～前221年）
Bronze *ge*, Warring States Period (475～221BC)

77　错银铜镦　战国（公元前475～前221年）
Bronze socket inlaid with gold, Warring States Period (475～221BC)

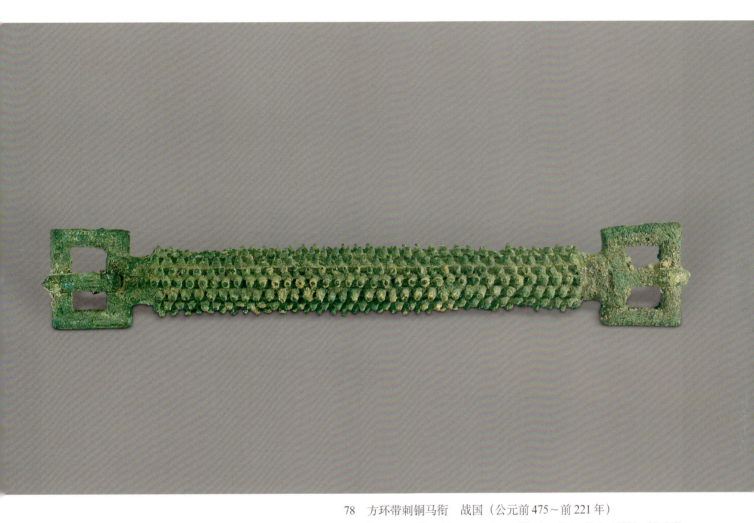

78　方环带刺铜马衔　战国（公元前475～前221年）
Bronze snaffle with square rings , Warring States Period (475～221BC)

79　错金银嵌松石铜带钩　战国（公元前475～前221年）
　　Gold and silver inlaid bronze belt hook inset with turquoise, Warring States Period (475～221BC)

80　错金铜带钩　战国（公元前475～前221年）
　　Gold inlaid bronze belt hook, Warring States Period (475～221BC)

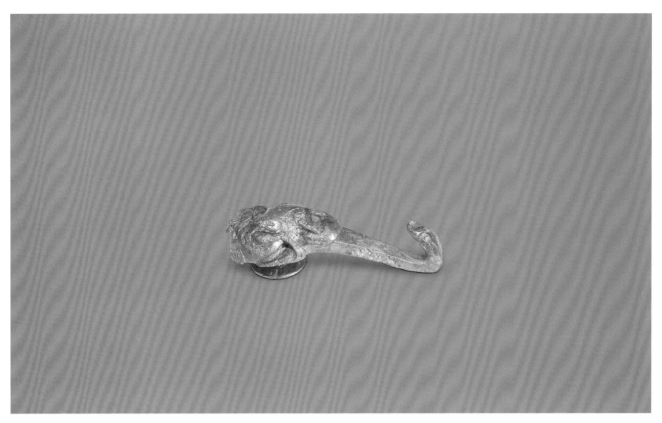

81 蹲兽银带钩 战国（公元前475～前221年）
Silver belt hook in crouching animal form, Warring States Period (475～221BC)

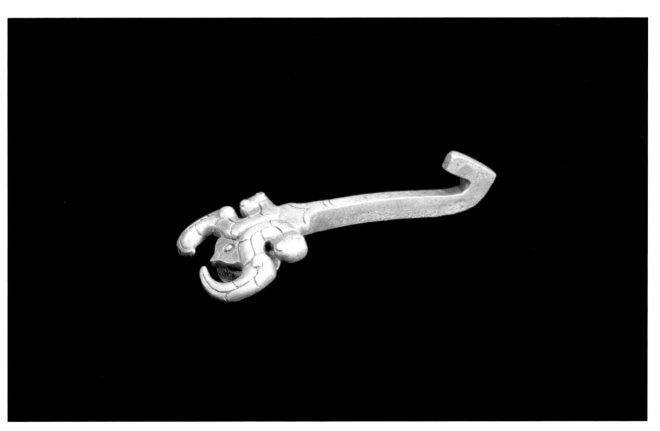

82 蝎形银带钩 战国（公元前475～前221年）
Silver belt hook in a scorpion form, Warring States Period (475～221BC)

83　飞禽形铜带钩　西汉（公元前206～公元8年）
　　Belt hook in fowl form, Western Han Dynasty (206BC～8AD)

84　错金银铜带钩　西汉（公元前206～公元 8 年）
Gold and silver inlaid bronze belt hook, Western Han Dynasty (206BC～8AD)

85 包金铜柄铁剑 西汉（公元前 206～公元 8 年）
Gold-covered iron sword with bronze handle, Western Hynasty（206BC～8AD）

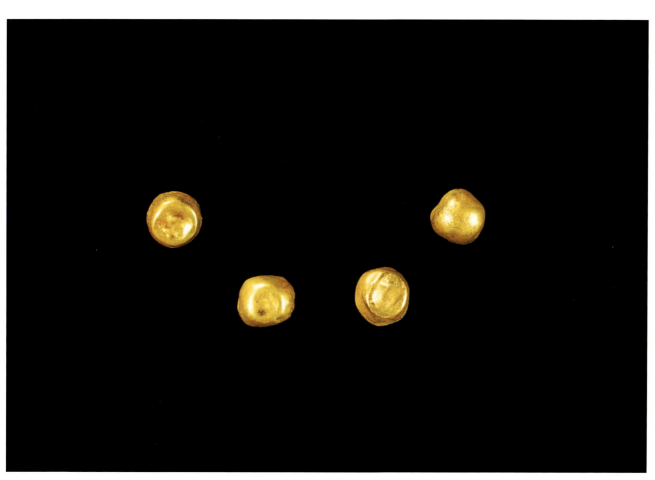

86　泡形金扣饰　西汉（公元前206～公元8年）
Gold button ornament shaped of bubble, Western Han Dynasty (206BC～8AD)

87　兽面金盔饰　西汉（公元前 206～公元 8 年）
　　Gold helmet ornament with animal-mask motif, Western Han Dynasty (206BC～8AD)

88　兽面金盔饰　西汉（公元前206～公元8年）
Gold helmet ornament with animal-mask motif, Western Han Dynasty (206BC～8AD)

89　龙首长柄铜量　西汉（公元前206～公元8年）
Bronze measure with dragon head motif, Western Han Dynasty (206BC～8AD)

90　金涂承盘大爵酒樽　东汉建武廿三年（公元47年）
Gold-painted wine vessel with a plate, 23rd year of Jianwu Period of Eastern Han Dynasty (47AD)

91　釜式分体铜甗　东汉（公元25～220年）
Bronze *fu*-shaped *yan*-vessel, Eastern Han Dynasty (25～220AD)

92　长颈鸟兽纹铜投壶　东汉（公元25～220年）
Bronze ewer with bird and animal pattern, Eastern Han Dynasty (25～220AD)

93 铺首衔环弦纹铜鉴　东汉永元三年（公元91年）

Bronze *jian*-basin with beast head ring handles and cord pattern, 3rd year of Yongyuan Period of Eastern Han Dynasty (91AD)

94 铺首环耳弦纹铜鉴　东汉永元四年（公元92年）

Bronze *jian*-basin with beast head ring handles and cord pattern, 4th year of Yongyuan Period of Eastern Han Dynasty (92AD)

95 双鱼纹铜洗 东汉（公元25～220年）
Bronze *xi*-basin with double fish pattern, Eastern Han Dynasty (25～220AD)

97　龙首长柄铜熨斗　东汉（公元 25～220 年）

Bronze iron with a long handle bearing a dragon's head end, Eastern Han Dynasty (25～220AD)

96　带架长柄铜熨斗　东汉（公元 25～220 年）

Bronze iron with a long handle and stand, Eastern Han Dynasty (25～220AD)

98　金涂承盘三足翻盖铜熏炉　东汉（公元 25～220 年）
　　Gold-painted bronze incense burner with three feet and a plate, Eastern Han Dynasty (25～220AD)

99　铜博山炉　东汉（公元25～220年）
Bronze Boshan incense burner, Eastern Han Dynasty (25～220AD)

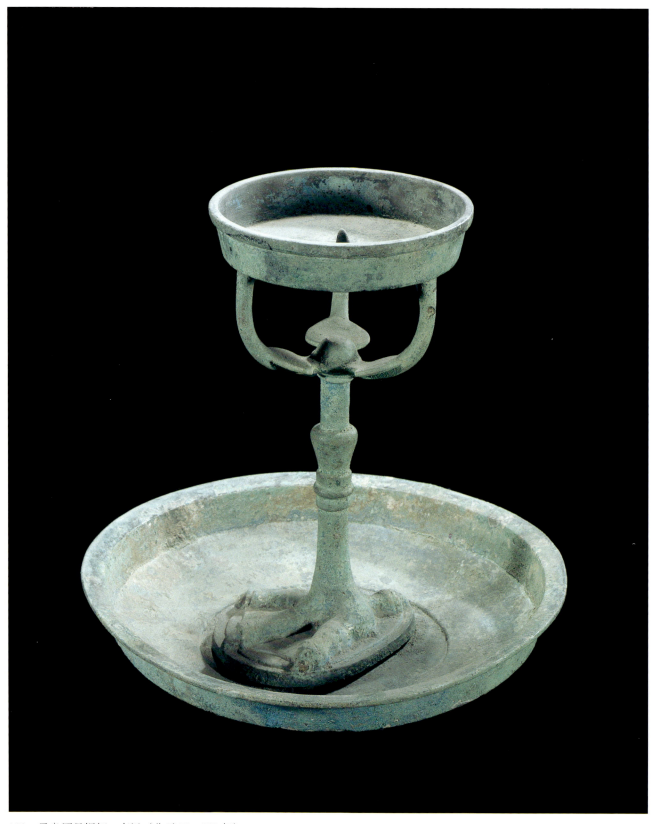

100　承盘雁足铜灯　东汉（公元25～220年）
Bronze lamp with wild goose foot and a plate, Eastern Han Dynasty (25～220AD)

101　高柄套盘三插铜灯　东汉（公元25～220年）
Bronze lamp with high stem, Eastern Han Dynasty (25～220AD)

102　错金嵌松石铜带钩　东汉（公元 25～220 年）
Gold inlaid bronze belt hook inserted with turquoise, Eastern Han Dynasty(25～220AD)

103　金带钩　东汉（公元25～220年）
Gold belt hook, Eastern Han Dynasty (25～220AD)

104 鎏金银刻铜弩机 西晋（公元 265～316 年）
Gold-painted and silver inlaid bronze cross-bow trigger , Western Jin (265～316BC)

105　龟钮"关中侯"金印　西晋（公元265～
316年）
Gold seal with tortoise knob and "marquis
of guanzhong", Western Jin (265～316AD)

107　红陶鸟头形器盖　新石器时代后冈一期文化（约公元前4800～前4000年）
Red pottery cover in bird head form, First Phase of Hougang Culture of Neolithic Period（about 4800～4000BC）

106　陶盂　陶支脚　新石器时代磁山文化（约公元前6000年）
Pottery *yu*-vessel and stand, Cishan Culture of Neolithic Period（about 6000BC）

108　陶器盖　新石器时代后冈一期文化（约公元前 4800～前 4000 年）

Pottery cover, First Phase of Hougang Culture of Neolithic Period（about 4800～4000BC）

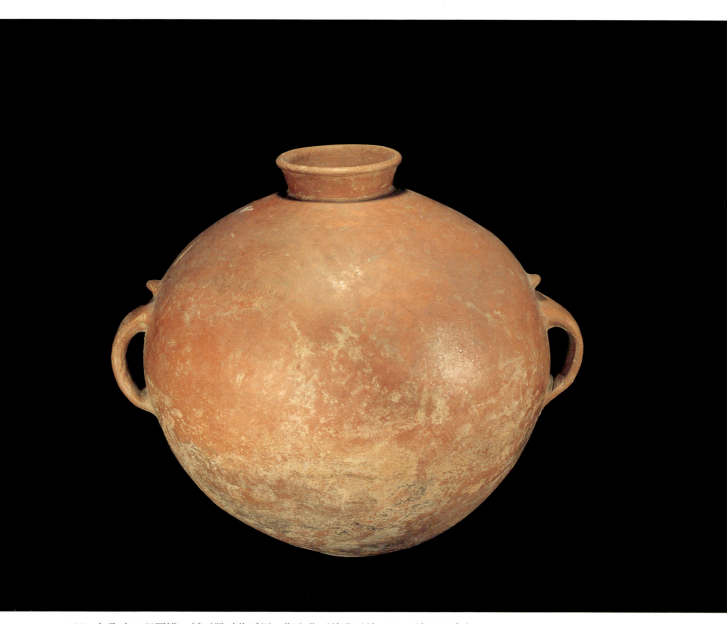

109　红陶小口双耳罐　新石器时代后冈一期文化（约公元前 4800～前 4000 年）
Red pottery jar with small-mouth and double handles, First Phase of Hougang Culture of Neolithic Period（about 4800～4000BC）

110 红陶小口壶 新石器时代后冈一期文化（约公元前 4800～前 4000 年）

Red pottery jar with small mouth, First Phase of Hougang Culture of Neolithic Period（about 4800～4000BC）

111 彩陶小口壶 新石器时代后冈一期文化（约公元前4800～前4000年）
Painted pottery jar with small mouth, First Phase of Hougang Culture of Neolithic Period（about 4800～4000BC）

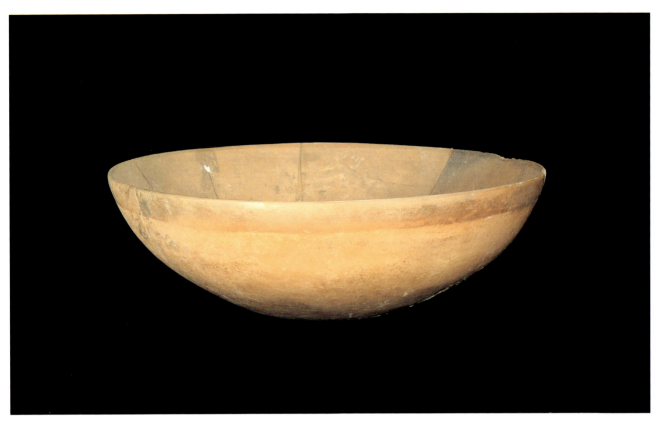

112 "红顶"陶钵 新石器时代后冈一期文化（约公元前4800～前4000年）
Pottery bowl with a red band around the rim, First Phase of Hougang Culture of Neolithic Period（about 4800～4000BC）

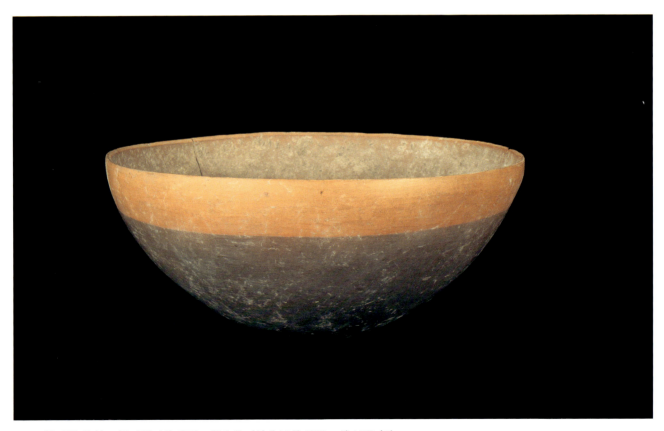

113 "红顶"陶钵 新石器时代后冈一期文化（约公元前4800～前4000年）
Pottery bowl with a red band around the rim, First Phase of Hougang Culture of Neolithic Period（about 4800～4000BC）

114　红彩陶钵　新石器时代后冈一期文化（约公元前4800～前4000年）
Red painted pottery bowl, First Phase of Hougang Culture of Neolithic Period（about 4800～4000BC）

115　黑彩陶钵　新石器时代后冈一期文化（约公元前4800～前4000年）
Black painted pottery bowl, First Phase of Hougang Culture of Neolithic Period（about 4800～4000BC）

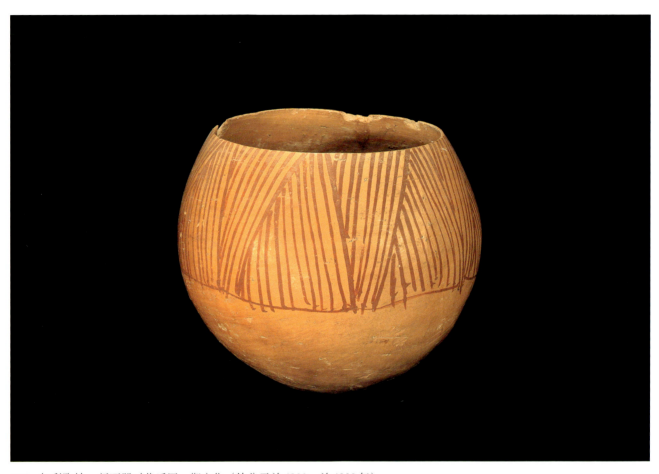

116　红彩陶钵　新石器时代后冈一期文化（约公元前 4800～前 4000 年）
　　　Red painted pottery bowl, First Phase of Hougang Culture of Neolithic Period（about 4800～4000BC）

117 彩陶钵 新石器时代大司空村文化（约公元前3500~前3000年）
Painted bowl, Dasikong Culture of Neolithic Period（about 3500~3000BC）

118 陶灶 新石器时代大司空村文化（约公元前3500~前3000年）
Pottery cooking stove, Dasikong Culture of Neolithic Period（about 3500~3000BC）

119　莲盖龙虎纹彩绘陶壶　战国（公元前 475～前 221 年）
　　Painted pottery jar with lotus-like lid and pattern of dragon and tiger, Warring States Period (475～221BC)

120 莲盖龙虎纹彩绘陶壶　战国（公元前 475～前 221 年）
Painted pottery jar with lotus-like lid and pattern of dragon and tiger, Warring States Period (475～221BC)

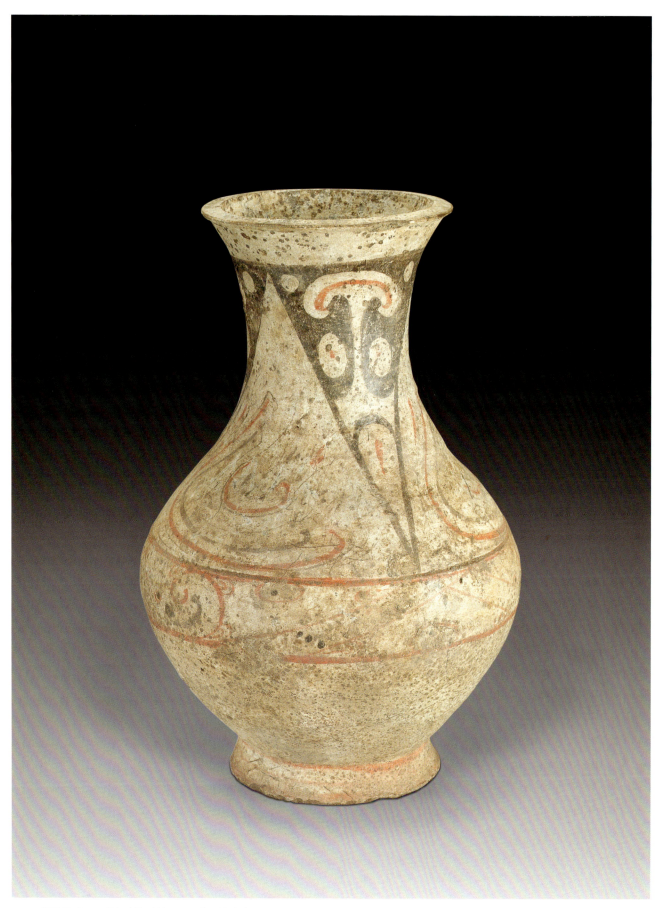

121 彩绘陶壶 西汉（公元前 206～公元 8 年）
Painted pottery jar, Western Han Dynasty (206BC～8AD)

122 彩绘陶壶 西汉（公元前206～公元8年）
Painted pottery jar, Western Han Dynasty (206BC～8AD)

123 陶熏炉 西汉（公元前206～公元8年）
Pottery incense burner, Western Han Dynasty (206BC～8AD)

124　陶熏炉　西汉（公元前 206～公元 8 年）
Pottery incense burner, Western Han Dynasty(206BC～8AD)

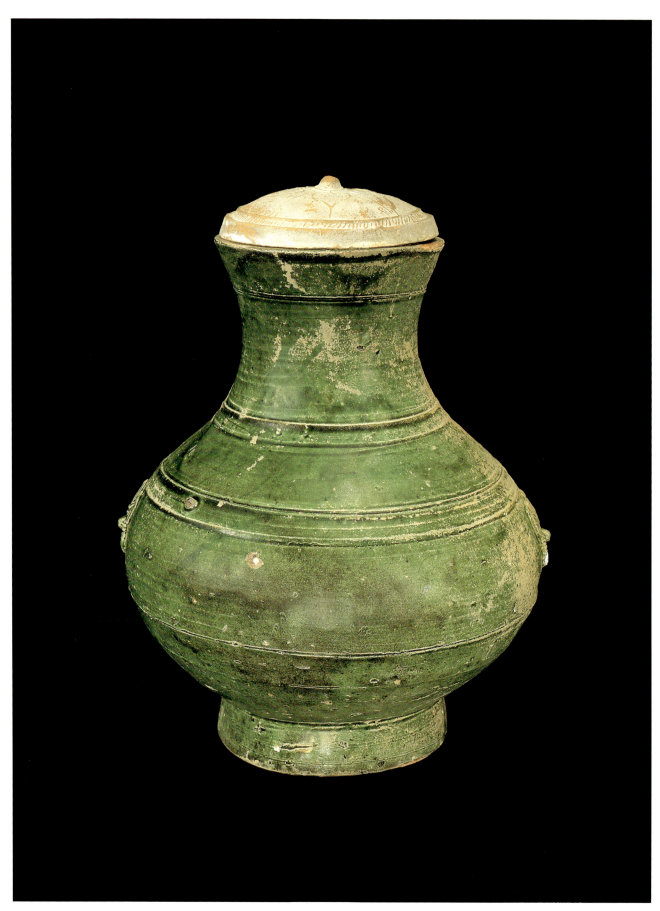

125 绿釉陶盖壶 东汉（公元25～220年）
   Green glazed jar with a lid, Eastern Han Dynasty (25～220AD)

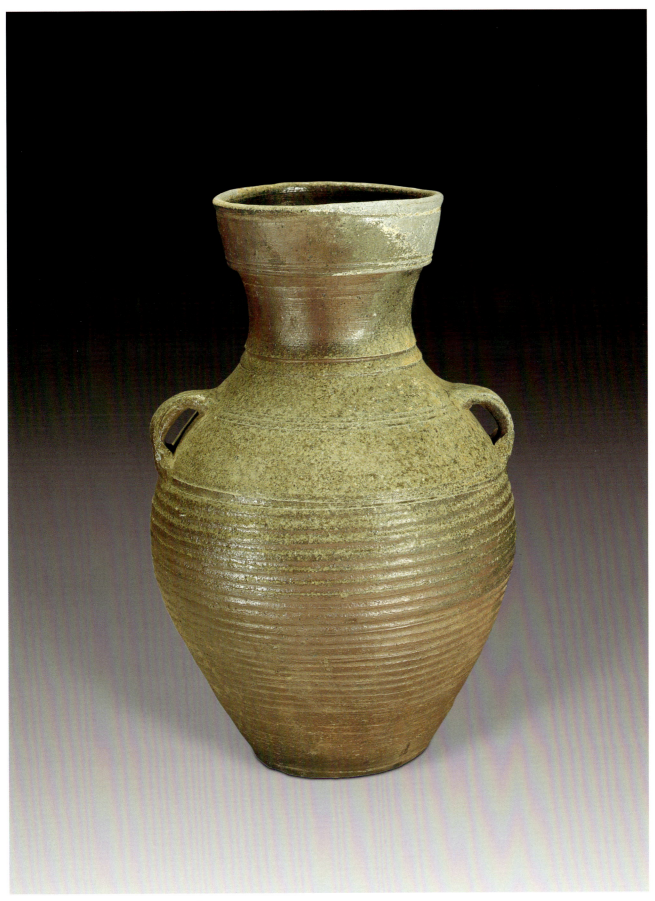

126 青釉双系盘口壶 东汉（公元25～220年）
Celadon jar with dish-like mouth and double ring, Eastern Han Dynasty (25～220AD)

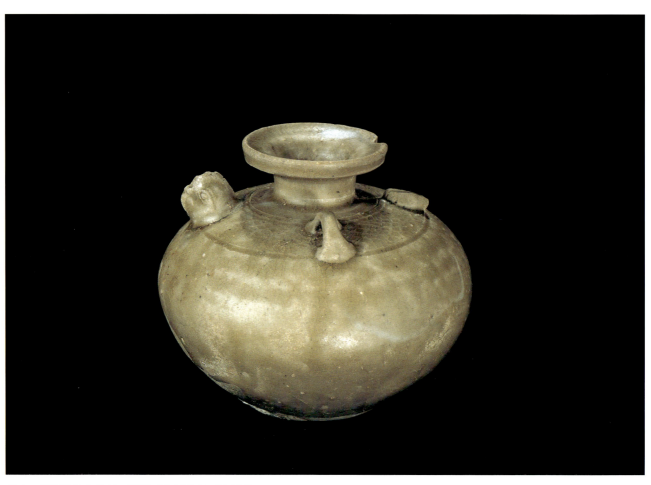

127　青釉双系鸡首壶　西晋（公元265～316年）

Celadon jar with chicken-head spout and double ring, Western Jin (265～316AD)

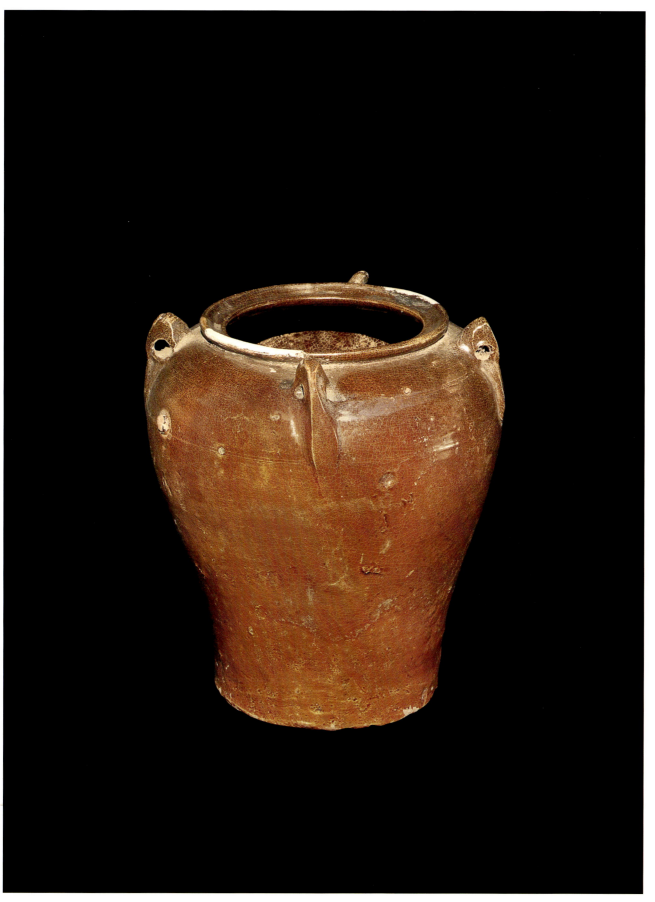

128 酱釉四系罐 东魏（公元534～550年）
Brown glazed jar with four handles, Eastern Wei (534～550AD)

130　青黄釉覆莲纹盖罐　北齐（公元550～577年）
Blue and yellow glazed covered jar with overturning lotus design, Northern Qi (550～577AD)

129　青黄釉龙柄鸡首盘口壶　北齐（公元550～577年）
Blue and yellow glazed jar with dish-like mouth
and chicken-head spout and dragon handle, Northern Qi (550～577AD)

131 青黄釉小口罐　北齐（公元550～577年）
Blue and yellow glazed jar with small mouth, Northern Qi (550～577AD)

132 陶盘 青釉碗 北齐（公元 550～577 年）
Pottery plate and celadon bowl, Northern Qi (550～577AD)

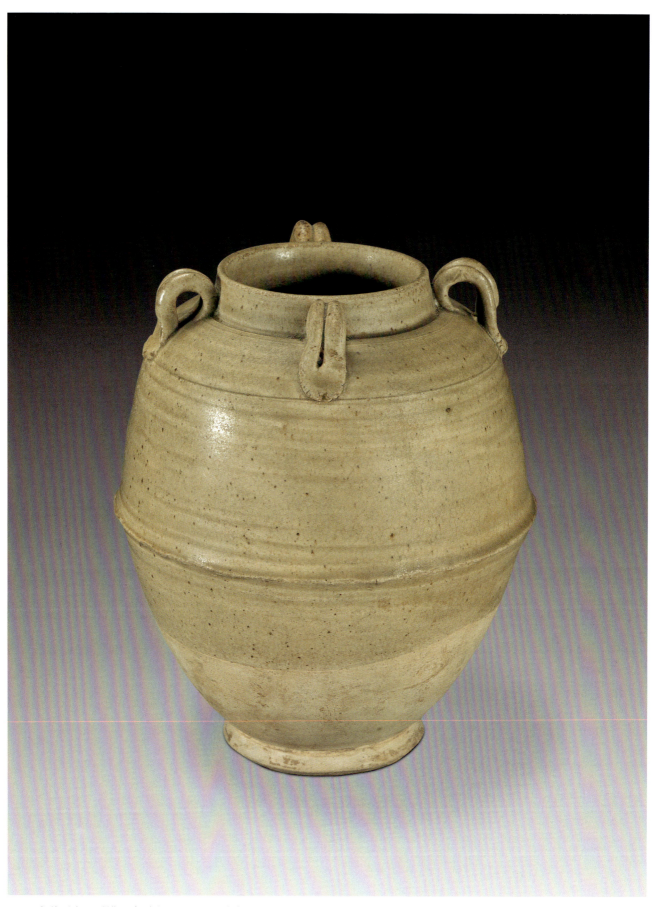

133 青釉腰脊四系罐　隋（公元 581～618 年）
Celadon jar with four rings, Sui Dynasty (581～618AD)

134　青釉兽面纹扁壶　隋（公元 581～618 年）
Celadon fiat flask with animal mask motif, Sui Dynasty (581～618AD)

135　三彩釉小口三足炉　唐（公元618～907年）
Tri-colored burner with small mouth and three feet, Tang Dynasty (618～907AD)

136　黑釉弦纹曲腹罐　唐（公元618～907年）
Black glazed jar with curved belly and cord pattern, Tang Dynasty (618～907AD)

137　黃釉斂口盂　唐（公元618～907年）
Yellow *yu*-vessel with inward rim, Tang Dynasty (618～907AD)

138 三彩釉敛口盂 唐（公元618～907年）
Tri-colored *yu*-vessel with inward rim, Tang Dynasty (618～907AD)

139 黄釉单鋬双系注壶　唐（公元618～907年）
Yellow glazed ewer with a handle and double rings, Tang Dynasty (618～907AD)

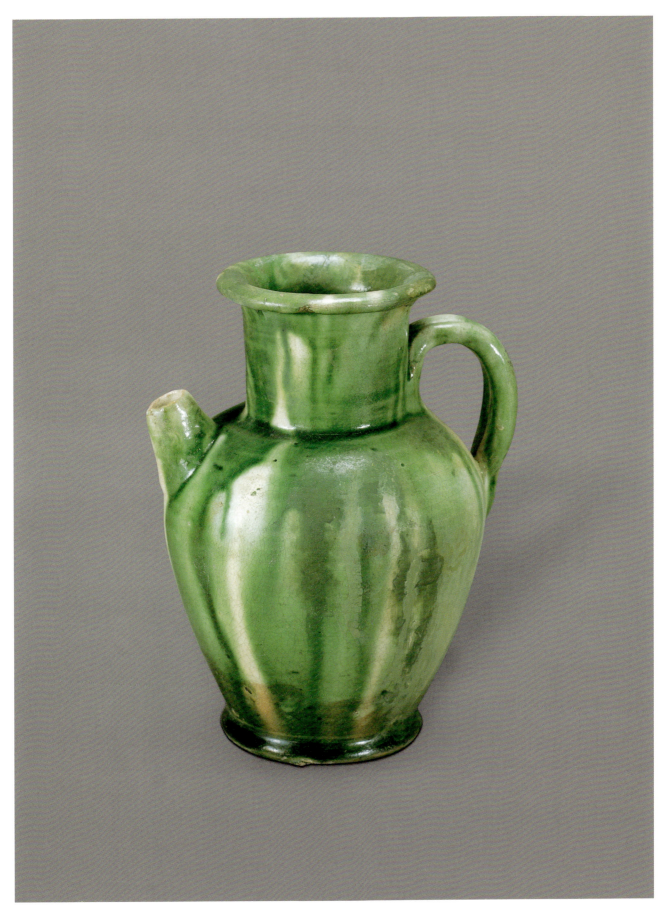

140　三彩釉单錾注壶　唐（公元618～907年）
Tri-colored ewer with a handle, Tang Dynasty (618～907AD)

141 白釉剔刻牡丹纹盘口瓶 北宋（公元960～1127年）
White glazed vase carved with lotus pattern, Northern Song Dynasty (960～1127AD)

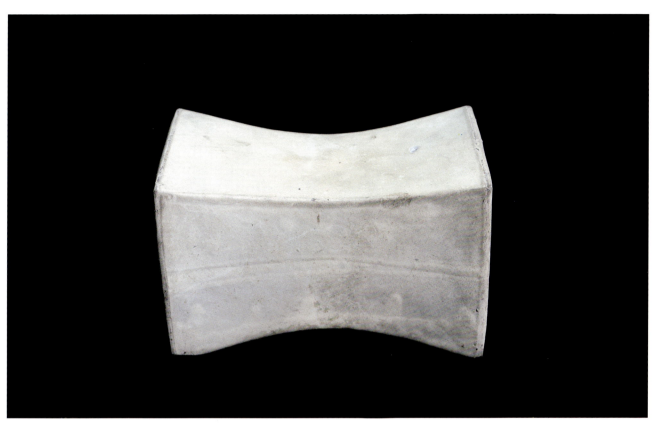

142　白釉亚腰长方枕　北宋（公元960～1127年）
White glazed rectangular pillow with narrow waist, Northern Song Dynasty (960～1127 AD)

143　绿釉划花人物花草纹元宝枕　北宋（公元960～1127年）
Green glazed pillow with incised pattern of figure and flower, Northern Song Dynasty (960～1127AD)

144 白釉黑绘线剔龙纹大盆 金（公元1115～1234年）
White glazed basin with black design of incised dragon, Jin Dynasty (1115～1234 AD)

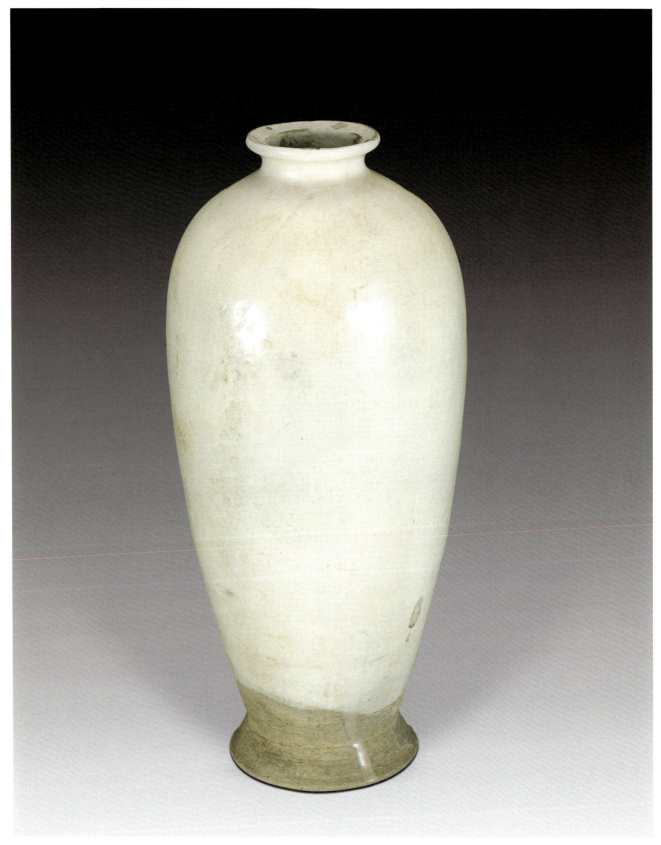

145 白釉梅瓶　金（公元 1115～1234 年）
　　White glazed prunus vase, Jin Dynasty (1115～1234 AD)

146 白釉黑绘缠枝纹花口瓶　金（公元 1115～1234 年）
　　White glazed vase with flower-shaped mouth and black design of interlocking branches, Jin Dynasty (1115～1234 AD)

147 白釉黑绘折枝牡丹梅瓶　金（公元 1115～1234 年）
White glazed prunus vase with black design of incised folding peony, Jin Dynasty (1115～1234 AD)

148　白釉黑绘缠枝芍药梅瓶　金（公元1115～1234年）
White glazed prunus vase with black design of interlocking peony, Jin Dynasty (1115～1234 AD)

149 绿釉黑绘线剔折枝牡丹大口瓶 金（公元 1115～1234 年）
White glazed prunus vase with black design of folding peony, Jin Dynasty (1115～1234 AD)

150 黄绿釉雕花划荷扇面枕 金（公元 1115～1234 年）
Yellow and green glazed pillow carved with flower pattern, Jin Dynasty (1115～1234 AD)

151 白釉黑绘花卉纹椭圆枕 金（公元1115～1234年）
White glazed pillow with black design of floral pattern, Jin Dynasty (1115～1234 AD)

152 白釉黑绘线剔海兽衔鱼椭圆枕 金大定五年（公元 1165 年）
White glazed elliptic pillow with black design of incised sea animal with fish in mouth, 5th year of Dading Period of Jin Dynasty
(1165AD)

153　白釉黑绘线剔之字纹椭圆枕　金（公元 1115～1234 年）
　　White glazed elliptic pillow with black pattern of incised zigzag, Jin Dynasty (1115～1234 AD)

154　白釉黑绘卧虎望月图长方枕　金（公元1115～1234年）
White glazed pillow with black design of crouching tiger watching the moon, Jin Dynasty (1115～1234 AD)

155 白釉黑绘君臣夜谈图长方枕 金 (公元 1115～1234 年)
White glazed pillow with black design of monarch and his minister talking at night, Jin Dynasty (1115～1234 AD)

156　白釉黑绘神仙故事图长方枕　金（公元1115～1234年）
White glazed pillow with black design of a story of immortals, Jin Dynasty (1115～1234 AD)

157　白釉黑绘相如题桥图长方枕　金（公元1115～1234年）
White glazed pillow with black design of Sima Xiangru writing poem at the end of a bridge, Jin Dynasty (1115～1234 AD)

158　白釉黑绘童子牧鸭图长方枕　金（公元1115～1234年）
White glazed pillow with black design of child herding ducks, Jin Dynasty (1115～1234 AD)

159　白釉黑绘诗文八角枕　金（公元 1115～1234 年）
White glazed pillow with black design and poem and essay, Jin Dynasty (1115～1234 AD)

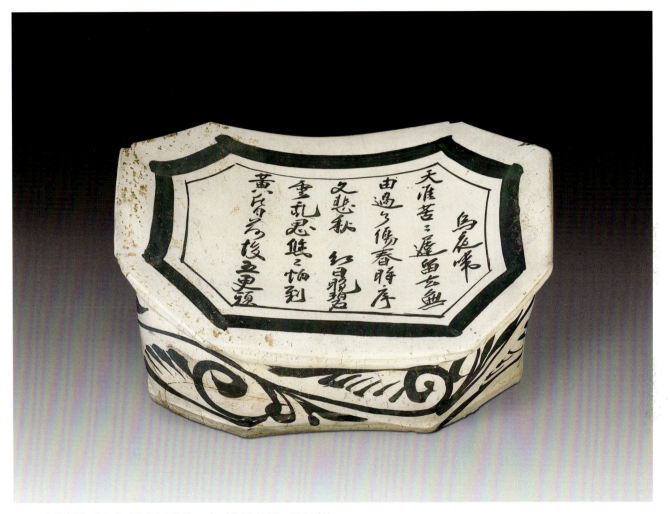

160　白釉黑绘"乌夜啼"词八角枕　金（公元1115～1234年）
White glazed pillow with black pattern and poem, Jin Dynasty (1115～1234 AD)

161 白釉黑绘四系瓶 元（公元1271～1368年）
White glazed vase with black design and four rings, Yuan Dynasty(1271～1368AD)

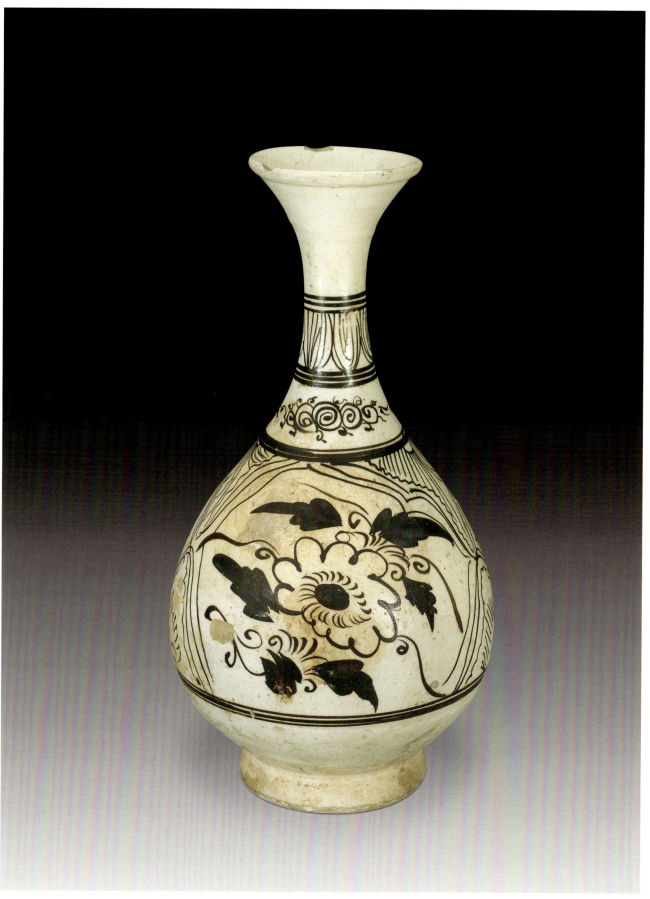

162 白釉黑绘玉壶春瓶 元（公元 1271～1368 年）
White glazed pear-shaped vase with black design, Yuan Dynasty (1271～1368AD)

163 白釉黑绘龙凤纹罐 元（公元1271～1368年）
White glazed pot with black design of dragon and phoenix, Yuan Dynasty (1271～1368AD)

165　白釉黑绘"秋露白"罐　元（公元1271～1368年）
White glazed pot with black design, Yuan Dynasty (1271～1368AD)

164　白釉黑绘双凤纹罐　元（公元1271～1368年）
White glazed pot with black design of double phoenix, Yuan Dynasty (1271～1368AD)

166　白釉黑绘鱼藻纹盆　元（公元 1271～1368 年）
White glazed basin with black design of fish and algae, Yuan Dynasty (1271～1368AD)

167 白釉黑绘鱼藻纹盆 元（公元1271～1368年）
White glazed basin with black design of fish and algae, Yuan Dynasty (1271～1368AD)

168　白釉黑绘飞鹰逐兔图长方枕　元（公元1271～1368年）
White glazed pillow with black design of eagle chasing rabbit, Yuan Dynasty (1271～1368 AD)

169　白地黑绘陈桥兵变图长方枕　元（公元1271～1368年）
White glazed pillow with black design of the Mutiny at Chenqiao, Yuan Dynasty (1271～1368AD)

170　白釉黑绘人物故事图长方枕　元（公元 1271～1368 年）
White glazed pillow with black design of a story, Yuan Dynasty (1271～1368AD)

图 版 说 明

1　石磨盘 石磨棒　　新石器时代磁山文化（约公元前 6000 年）

1978 年武安市磁山遗址出土

盘长 64.5 厘米，棒长 40 厘米。

石英砂岩，琢制。磨盘平面呈鞋底形，前端略尖，后部圆缓，盘面平整，底面微鼓，下附四个乳突状足。磨棒为圆柱状，两端略细。

邯郸市文物保护研究所藏

2　长方形飞棱玉钺　　商（公元前 16～前 11 世纪）

1975 年武安市赵窑遗址商墓出土

长 15.2 厘米，宽 7.6 厘米。

乳黄色，有白斑。长方形，微弧刃，内端雕出五个豁口和四个凹槽形成飞棱，器身中间有一圆穿，器体扁薄，磨制精细。

邯郸市博物馆藏

3　微肩弧刃玉钺　　商（公元前 16～前 11 世纪）

1975 年武安市赵窑遗址商墓出土

长 14.4 厘米，宽 6.5 厘米。

青玉，间黄斑。略呈长方形，直内，微肩，长援，宽弧刃。

邯郸市博物馆藏

4　玉戈　　商（公元前 16～前 11 世纪）

1975 年武安市赵窑遗址商墓出土

长 19 厘米，宽 6.3 厘米。

乳黄色。圭形，内和援无分界，前端呈三角形，中起脊，两侧磨刃，偏后部有圆形穿孔，磨制精细。

邯郸市博物馆藏

5　石戈　　商（公元前 16～前 11 世纪）

1975 年武安市赵窑遗址商墓出土

长 32.8 厘米，宽 6.9 厘米。

深褐色。直内，微肩，剑状长援，中起脊，尖部及两侧磨刃，内部有圆穿，通体磨制精细。

邯郸市博物馆藏

6　玉柄状器　　商（公元前16～前11世纪）

1975年武安市赵窑遗址商墓出土

长16.3厘米，宽2.3厘米。

青白色。扁平长条方棱形，前端略瘦削，后端四面内凹如柄，通体磨制精致。

邯郸市博物馆藏

7　玉柄状器　　商（公元前16～前11世纪）

1975年武安市赵窑遗址商墓出土

左：长7厘米，宽2厘米；右：长8.5厘米，宽2.1厘米。

青玉。柄状扁棱形，体较短。一件头部呈圭尖形；另一件头部呈斜梯形，上有两个小圆钻孔。

邯郸市博物馆藏

8　石编磬　　战国（公元前475～前221年）

1982年涉县北关凤凰台一号墓出土

长30～50.5厘米

一套五件，大小相次，形制基本相同。平面呈曲尺形，上沿股、鼓之间有145°左右的明显折角，两端平直，下沿为一条弧线；股、鼓相交处有一个对钻的圆形穿孔。

邯郸市文物保护研究所藏

9　玉石琮　　战国（公元前475～前221年）

2005年邯郸市第十中学校区墓葬出土

左：边长6.2～6.4厘米，高2.9厘米；中：边长7.5厘米，高3.2厘米；右：边长4.7～5厘米，高3.4厘米。

一件为褐色，玉质细腻，两件为黑、白相间的花斑石。外方内圆，两端唇口上凸，中孔一端略粗。

邯郸市文物保护研究所藏

10 **玉甲片 战国（公元前475～前221年）**

1998年邯郸赵王陵二号陵出土

长6.1～6.3厘米，宽5.3～5.6厘米。

玉铠甲衣片。灰白色间褐斑，颜色不匀。平面近方形，两面均经打磨抛光，其中一面边角多经磨削，且三至四边有8或10个规则分布的细孔，以供掩压、连缀之用。

邯郸市文物保护研究所藏

11 **涡纹玉瑗 战国（公元前475～前221年）**

2004年邯郸市金丰住宅区墓葬出土

外径10.5厘米，内径5.3厘米。

墨绿色青玉，半透明体。内、外缘起廓，面饰细密涡纹。玉质细腻纯净，雕琢精细工整。

邯郸市文物保护研究所藏

12 **谷纹玉瑗 战国（公元前475～前221年）**

2000年邯郸市四季青住宅区墓葬出土

外径10.1，内径4.2厘米。

黄褐色，不透明。瑗面内、外缘起廓，中饰密集的环座谷纹。

邯郸市文物保护研究所藏

13 **涡纹玉瑗 战国（公元前475～前221年）**

2000年邯郸市四季青住宅区墓葬出土

外径10.3厘米，内径5.8厘米。

乳黄色，间绿斑。内、外缘勾出廓线，中饰涡纹，表面润滑光亮。

邯郸市文物保护研究所藏

14 **玉环 战国（公元前475～前221年）**

2003年邯郸钢铁总厂西区墓葬出土

外径10厘米，内径7.5厘米。

青黄色，间褐斑。器体扁平，环面微鼓。

邯郸市文物保护研究所藏

15 **玛瑙环 战国（公元前475～前221年）**

2004年邯郸市金丰住宅区墓葬出土

左：直径 8.8 厘米；中：直径 10.4 厘米；右：11.5 厘米。

乳浊色，内含黄褐色棉柳，半透明。大小不一，形制相同。环面呈尖棱形，内缘为双抹角四面体，断面为六面棱形。

邯郸市文物保护研究所藏

16　大玛瑙环　　战国（公元前 475～前 221 年）

1995 年邯郸钢铁总厂西区墓葬出土

直径 17 厘米

深乳浊色，内有块状棉柳，半透明。外缘为抹角尖棱形，环面窄平，内缘抹双角，内壁平直，断面为七面棱形。

邯郸市文物保护研究所藏

17　红玛瑙环　　战国（公元前 475～前 221 年）

1995 年邯郸钢铁总厂西区墓葬出土

直径 3.6 厘米

红、白相间，呈云片状。环面为抹角尖棱形，内缘抹双角，内壁平直，断面呈五面棱形。

邯郸市文物保护研究所藏

18　水晶环　　战国（公元前 475～前 221 年）

1995 年邯郸钢铁总厂西区墓葬出土

直径 4.1 厘米

无色透明体，内含冰裂状纹理。外缘为抹角尖棱形，环面窄平，内缘抹作钝三角，断面呈七面棱形。

邯郸市文物保护研究所藏

19　红玛瑙带钩　　战国（公元前 475～前 221 年）

1995 年邯郸钢铁总厂西区墓葬出土

长 11.3 厘米，宽 8.1 厘米。

深红与青黄双色，正面深红，可见斑状、枝条及水波状天然纹理；背面中部青黄，呈絮状结构，不透明，属巧做。平面为铲状，宽扁鸭嘴形钩首，短颈，双层方肩；腹部呈圆首铲头状，表面微鼓，背面齐平，正中为较大的圆饼状突钮。

邯郸市文物保护研究所藏

20　马头形玉带钩　　战国（公元前 475～前 221 年）

2003 年邯郸钢铁总厂西区墓葬出土

长 11.5 厘米，宽 1.5 厘米。

乳白色，有土黄色蚀斑。曲棒形，钩首作马头状，昂首曲颈，钩体弯弧；正面圆鼓，其上横饰三组各四道凸弦纹，背部宽平，中置棱柱长方形钮。

邯郸市文物保护研究所藏

21　水晶松石项饰　　战国（公元前 475～前 221 年）

1959 年邯郸市百家村战国墓出土

长 1～3 厘米不等

由大小不一、形状不同的水晶珠、绿松石和玛瑙管组成。水晶珠可分为白水晶和紫水晶，多为椭圆形和圆形；绿松石较小，多为扁圆形；玛瑙管略长，为圆棒形。

河北省文物保护中心藏

22　条形云纹玉佩　　战国（公元前 475～前 221 年）

1978 年武安市固镇古城战国墓出土

左：长 4.6 厘米；右：长 4.1 厘米。

一件墨绿色，平面呈长条形，正背两面均饰突起的云纹，两侧各有三道凹槽，两端正中有穿孔。另一件乳白色，平面呈长条形，正背两面均饰突起的卷云纹，前后相连，两侧各形成六道凹槽，两端正中有穿孔。

邯郸市文物保护研究所藏

23　玛瑙觿　　战国（公元前 475～前 221 年）

1978 年武安市固镇古城战国墓出土

左：长 7.7 厘米；右：长 9.3 厘米。

乳白色，内有棉柳或水波状纹理，半透明。整体呈鹿角状，前部为弯锥形锋尖，后端为磬折式或"丁"字形宽平曲柄，锥、柄交角处有一穿孔。

邯郸市文物保护研究所藏

24　玛瑙竹节管　　战国（公元前 475～前 221 年）

2005年邯郸市第十中学校区墓葬出土

长7.7～8.8厘米，外径0.7厘米，内径0.5厘米。

乳浊色，透明体。外部呈竹节形，两端为对穿圆孔，表面打磨光滑。

邯郸市文物保护研究所藏

25　涡纹柱状玉饰　　战国（公元前475～前221年）

2005年邯郸市第十中学校区墓葬出土

长3.3～4.1厘米，直径1.3～2厘米。

乳白与黄褐色相间，玉质较油润。柱状体，一端略粗，中有粗细不一的通体穿孔，器表密饰成排的涡旋状乳钉纹。

邯郸市文物保护研究所藏

26　玉剑璲　　战国（公元前475～前221年）

1962年邯郸市百家村战国墓出土

长7.7厘米，宽2.1厘米。

剑鞘中部用以穿带之钮。青白色。面板呈长方形，底部近一端附长方形槽孔，两端出檐；表面饰卷云纹，一端为变形兽面。玉质晶莹剔透，纹饰工整流畅。

邯郸市博物馆藏

27　玉剑首　　战国（公元前475～前221年）

2005年邯郸市第十中学校区墓葬出土

直径6.2厘米，厚1厘米。

乳黄色，玉质细腻。玉具剑构件，呈圆饼状。正面外缘起廓线，其内中部略鼓，面饰环绕卷云纹四组，外围凹面密饰谷纹；背面外斜内平，表面光素无纹，正中为已切割而尚未挖芯的銎孔。

邯郸市文物保护研究所藏

28　玉剑珌　　西汉（公元前206～公元8年）

2005年邯郸市第十中学校区墓葬出土

长15厘米，宽4.2厘米。

青黄色间褐色蚀斑，玉质晶莹剔透。长条云朵状扁平体，一端有两个圆形连体钻孔。器体以弦纹带为界分作三区，前部两区为弧形弯卷、棱角突出的云朵形；后端呈长条状，各区正、背两面分别饰满疏密相间的卷云纹。

邯郸市文物保护研究所藏

29 玉靴底 西汉（公元前 206～公元 8 年）

2005 年邯郸市第十中学校区墓葬出土

通长 21 厘米，宽 8.5 厘米，厚 0.6 厘米。

青黄色，间褐斑。两只鞋底分别由前掌和后跟两部分拼接而成，中置两对直径约 0.1 厘米的连缀细孔，两侧外沿还各有两个稍粗的用以连缀靴身的穿孔。

邯郸市文物保护研究所藏

30 玉簪 西汉（公元前 206～公元 8 年）

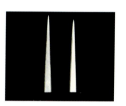

2005 年邯郸市第十中学校区墓葬出土

左长 12.3 厘米；右长 11.8 厘米。

青玉，有天然纹理及褐斑。扁棱锥形，四角圆滑，尾端齐平。

邯郸市文物保护研究所藏

31 玉锉形器 西汉（公元前 206～公元 8 年）

2005 年邯郸市第十中学校区墓葬出土

长 12 厘米，宽 1.4 厘米。

青黄色。长条方棱形，似锉；表面饰细密均匀的平行斜线纹，底面平而光滑，两侧壁底角各有两对直径约 0.1 厘米的细孔，两端为规整的椭圆形通体穿孔。

邯郸市文物保护研究所藏

32 条形云纹玉佩 西汉（公元前 206～公元 8 年）

2005 年邯郸市第十中学校区墓葬出土

各长 5.9 厘米，宽 1.4 厘米。

青黄色，有褐斑及天然纹理。长条状，两侧齐平，中部略鼓，断面呈抹角棱形；正、背两面外沿设廓线，中脊饰斜线纹带，两侧线刻细密的卷云纹，两端为通体穿孔。

邯郸市文物保护研究所藏

33 玉印章 西汉（公元前 206～公元 8 年）

1995年邯郸钢铁总厂西区墓葬出土

边长2.3厘米，高1.9厘米。

青黄色。覆斗形，扁平方钮，横穿；方形印面阳文篆书"邵□"两字。

邯郸市文物保护研究所藏

34 玉印章 西汉（公元前206～公元8年）

2003年邯郸钢铁总厂西区墓葬出土

边长2.4厘米，高1.7厘米。

青玉。覆斗形，扁平方钮，斜下对穿；四杀及四侧壁以阴线勾勒边框及卷云纹图案；方形印面阳文篆书"乐□"两字。

邯郸市文物保护研究所藏

35 白石七星枕 东汉（公元25～220年）

1972年邯郸市张庄桥一号墓出土

长36.3厘米，宽8厘米，高8.7厘米。

白色大理石。弧顶长条形，前后壁平直，两端微鼓，抹角圆弧顶，平底。顶面镶嵌七个铜质星点，构成勺状北斗星图案；两端鼓面线刻大圆圈纹，中心亦饰星点纹；底面刻平行细线纹两条，近两端各填一道横短线。

邯郸市文物保护研究所藏

36 雁柱石灯 东汉（公元25～220年）

2005年邯郸市华冶岭南住宅区墓葬出土

盘径12厘米，高15.8厘米。

浅盘豆形。直口、浅腹、平底灯盘，圆柱形灯柱，实心覆盘状底座；灯柱中下部雕刻一只体态强健、啄食小鸟的大雁，大雁俯身弯颈、舒尾胀翅、爪踩鸟背、嘴啄鸟颈，小鸟俯首屈肢、匍匐在地，形象生动，栩栩如生。

邯郸市文物保护研究所藏

37 玉剑珌 东汉（公元25～220年）

1972年邯郸市张庄桥一号墓出土

宽5.4～6.6厘米，高6.7厘米。

剑鞘末端的包尾。黄、褐色相间，有白色侵蚀。立面略呈束腰梯形，横断面呈梭形；表面周边阴刻边角线及八组双弧纹，内刻卷云纹和须眉构成的变形兽面纹，顶面有一大两小三孔。玉质晶莹油润，纹饰精细工整。

邯郸市文物保护研究所藏

38 玉佩饰　　西晋（公元265～316年）

1980年永年县娄山村晋墓出土

上：长7.9厘米；中：各长7.7厘米；下：长11.2厘米。

一组四件。青玉，内有白色絮斑，半透明。玉佩两件，一件呈蜡黄色，云朵形，弓形背，上起连弧形三峰，中饰一穿；两端圆卷，底边平直，下附半环双钮，各饰一穿。另一件呈青白色，长条梳形，弓形背，上起连弧状五峰，中饰一穿，两端斜直，底边略曲。玉璜两件，蜡黄色，形制相同。半圆形，一端一穿，一端两穿。玉质晶莹油润，器表打磨光滑。

邯郸市文物保护研究所藏

39 白石插座　　西晋（公元265～316年）

1980年永年县娄山村晋墓出土

底径16.8厘米，高7.1厘米。

白色大理石。环状平顶，正中半穿孔，短颈，覆盘状直壁圈足底，底心留短柱。

邯郸市文物保护研究所藏

40 斑石插座　　西晋（公元265～316年）

1980年永年县娄山村晋墓出土

底径18.5厘米，高8.5厘米。

花斑青石。平面呈覆盆形，环状平顶，中置通底穿孔，壁面圆鼓，方沿大平底。

邯郸市文物保护研究所藏

41 饕餮纹铜鬲　　商（公元前16～前11世纪）

1960年武安市赵窑遗址商墓出土

口径15厘米，通高18.2厘米。

宽折沿，上附一对立耳，束颈，鼓腹，浅袋足，锥形实足尖；颈下饰斜角云纹带一周，腹部以各袋足为单元、足间"人"字形分档线为分界，饰三组变形饕餮纹。

河北省文物研究所藏

42　饕餮纹铜鼎　　商（公元前 16～前 11 世纪）

1975 年武安市赵窑遗址商墓出土

口径 16.7 厘米，通高 22 厘米。

外折沿，方唇，上附双直耳，直壁深腹，下部微鼓，圜底，柱形三足，上粗下细。上腹饰以凸弦纹为边线、竖扉棱为中线、云雷纹为地的饕餮纹带一周。

邯郸市博物馆藏

43　夔龙蝉纹铜鼎　　商（公元前 16～前 11 世纪）

1966 年磁县下七垣村商墓出土

口径 16.5 厘米，通高 24.7 厘米。

外折沿，方唇，上附双直耳，圆腹，圜底，三柱足。上腹部饰以竖扉棱为界、云雷纹为地的六条夔龙纹组成的条带纹，下腹饰三角状蝉纹一周，足部饰蝉纹与卷云纹，两耳外侧饰变形夔龙纹。器形厚重，花纹繁缛。

河北省文物研究所藏

44　"中启"夔龙蝉纹铜鼎　　商（公元前 16～前 11 世纪）

1966 年磁县下七垣村商墓出土

口径 16.7 厘米，通高 22 厘米。

外折沿，方唇，上附双直耳，圆腹，圜底，三柱足。上腹部饰以竖扉棱为界、云雷纹为地的六条夔龙纹组成的条带纹，下腹饰三角状蝉纹一周。腹内上侧有 "中启"二字铭文。器形厚重，花纹繁缛。

邯郸市文物研保护究所藏

45　饕餮纹铜觚　　商（公元前 16～前 11 世纪）

1975 年武安市赵窑遗址商墓出土

口径 14.7 厘米，足径 9 厘米，高 25.6 厘米。

瘦高体，大喇叭口，细长颈，腰腹微鼓，高圈足，足端为方折式底座。腹饰饕餮纹两组，圈足饰夔龙纹四个，花纹纤细繁缛，眼眉突出；圈足上端饰凸弦纹两周及十字形镂空两个。圈足内壁有"十"字铭记。

邯郸市文物保护研究所藏

46 "矢"四棱饕餮纹铜觚 商（公元前16～前11世纪）

1975年武安市赵窑遗址商墓出土

口径15.5厘米，足径9.3厘米，高27.8厘米。

器体瘦高，大喇叭口，细长颈，箍状直腹，高圈足，足端为方折式底座。颈部饰蕉叶纹和雷纹带；腹部和圈足上各起四道齿状扉棱，其间各饰由云雷纹地和四条凸起的夔龙构成的饕餮纹两组，花纹繁复，层次分明；腹足间饰凸弦纹及"十"字形镂孔两个；圈足内阴刻"矢"字象形铭文。

邯郸市博物馆藏

47 单柱平底铜爵 商（公元前16～前11世纪）

邯郸出土

通高17厘米

侈口，长流，尖尾，粗长颈，直壁扁腹，缓平底；口部流折处置鹰嘴状单柱，颈饰凸弦纹两周，颈腹间置带状单鋬，底附三棱形锥状三足。

河北省博物馆藏

48 "启"饕餮纹铜爵 商（公元前16～前11世纪）

1966年磁县下七垣村商墓出土

口长16.5厘米，通高20厘米。

侈口，长流，尖尾，两端上翘，直壁深腹，圜底；口附方棱形涡纹菌顶双柱，腹置兽头带状单鋬，底附三棱尖足。流、尾及沿下饰大小不等的蕉叶纹一周，腹饰云雷纹地饕餮纹两组，鋬内阴刻"启"字铭文。

邯郸市博物馆藏

49 饕餮纹平底铜斝 商（公元前16～前11世纪）

邯郸市征集

口径 14.5 厘米，通高 26.1 厘米。

敞口，粗长颈，扁圆腹，缓平底，沿上置伞状双柱，颈部置单鋬，底置三角形空心三足；颈部及腹部各饰以联珠纹为边界的单层花纹带一周，其中颈部为饕餮纹两组，腹部为眼、鼻清晰的饕餮面三组。

邯郸市文物保护研究所藏

50 饕餮纹铜斝　　商（公元前 16～前 11 世纪）

1975 年武安市赵窑遗址商墓出土

口径 17.5 厘米，通高 26.7 厘米。

敞口，宽沿，粗直颈，扁圆腹，圜底，沿上置菌形双柱，颈腹部置带状单伴鋬，底置断面 "T" 字形三棱三足；颈、腹部饰云雷纹地饕餮纹带两周。

邯郸市博物馆藏

51 羊首饕餮纹铜尊　　商（公元前 16～前 11 世纪）

1975 年武安市赵窑遗址商墓出土

口径 25.4 厘米，足径 14.7 厘米，高 20.8 厘米。

大敞口，束颈，折肩，斜直腹，圈足；颈部饰凸弦纹两周，肩部浮雕羊首四个，其间及腹部饰饕餮纹，圈足饰云雷纹及方形镂孔三个，内底阴刻盘蛇图案。

邯郸市博物馆藏

52 饕餮纹铜尊　　商（公元前 16～前 11 世纪）

1966 年磁县下七垣村商墓出土

口径 19.6 厘米，高 25.3 厘米。

整体呈瓠形。喇叭口，粗颈，箍状腹，高圈足。腹以上下凸弦纹为界、两条竖线形高鼻梁为中线，饰云雷纹地饕餮纹带一周；圈足上亦饰无高鼻梁的云雷纹地饕餮纹带。

河北省文物研究所藏

53 饕餮纹铜贯耳扁壶　　商（公元前 16～前 11 世纪）

1975 年武安市赵窑遗址商墓出土

口径 14 厘米，足径 15.2 厘米，高 28.5 厘米。

椭圆形带状直口，微束颈，深腹下垂，圈足；颈部两侧附管状双耳并饰饕餮纹带一周，腹饰饕餮纹两组，圈足饰云雷纹带及镂孔两个。

邯郸市博物馆藏

54　回形云雷纹铜瓿　　商（公元前 16～前 11 世纪）

1975 年武安市赵窑遗址商墓出土

口径 18 厘米，足径 18.8 厘米，高 19.5 厘米。

小口，外折沿，短颈，圆肩，扁圆腹，缓平底，圈足；肩部饰夔龙纹八条，腹部饰对角"回"形云雷纹，圈足饰云雷纹带及长方形镂孔三个。

邯郸市博物馆藏

55　云雷纹提梁铜卣　　商（公元前 16～前 11 世纪）

1966 年磁县下七垣村商墓出土

口径 6.8～9.5 厘米，高 26.5 厘米。

器体扁宽，横断面呈椭圆形。子口内敛，溜肩，垂腹，外侈圈足；肩附双系，系穿绳索式提梁；口承菌状高钮、弧面宽沿、束腰式器盖。肩部及盖顶各饰云雷纹带一周，肩部纹带内并附浮雕兽头两个，上下边缘饰圆圈纹；盖内有"受"字铭文。

河北省文物研究所藏

56　穿孔铜钺　　商（公元前 16～前 11 世纪）

1975 年武安市赵窑遗址商墓出土

长 23.3 厘米，宽 16.7 厘米。

形似大斧。直内，平肩，援部近方形，两角外侈，宽弧刃；内部外缘为一周凹槽，中部穿孔，肩部两端有对称长方形穿，援中部为透雕大圆孔。

邯郸市博物馆藏

57　长骹双系铜矛　　商（公元前 16～前 11 世纪）

1975 年武安市赵窑遗址商墓出土

长 21.3 厘米，叶宽 5.2 厘米。

援呈草叶形，锐锋，宽翼，弧尾，中起脊；直筒形骹，下部两侧有对称的半环形双系。

邯郸市博物馆藏

58 牛首铜镦 商（公元前16～前11世纪）

1975年武安市赵窑遗址商墓出土

长10.1厘米，顶宽4.6厘米。

戈、矛柄部末饰，形似牛头状。顶端为弧形连接的两个粗壮的犄角，面部为凸起的眉、眼、鼻梁，两侧为外突的双耳；另端为圆筒状镦，上饰弦纹和镂孔。

邯郸市博物馆藏

59 歧冠曲内铜戈 商（公元前16～前11世纪）

1975年武安市赵窑遗址商墓出土

长26.8厘米，栏宽8.9厘米。

曲内，出上、下阑，近三角形援，双面刃；内后部两面饰云雷纹，尾端出歧冠，近阑部有一圆穿。

邯郸市博物馆藏

60 铜弓形器 商（公元前16～前11世纪）

1966年磁县下七垣村商墓出土

长29厘米，宽5.5厘米。

形似弯弓，中部为弧面长椭圆形面板，表面满布云雷纹地，正中饰圆心花瓣纹，外围四角饰四条内向夔龙组成的菱形图案；两端为方棱形弯臂，臂端残。

邯郸市博物馆藏

61 铜编镈 战国（公元前475～前221年）

1982年涉县北关凤凰台一号墓出土

通高23～30厘米

一组四件，大小相次，器形相同。透雕回首双兽形纽，扁筒形腔体，铣微弧，平口。舞心有长方形镂孔，周饰蟠螭纹；钲为长方素条形，两侧正、背面各有盘兽枚三十六个，枚间双层篆带饰蟠螭纹，鼓面饰饕餮纹。

邯郸市文物保护研究所藏

62 铜编钟（甬钟） 战国（公元前475～前221年）

1982年涉县北关凤凰台一号墓出土

通高 20.5～45.8 厘米

一套九件（原十六件），大小相次，器形基本相同。圆柱体竹节状长甬，箍形凸旋，兽头形干，扣瓦状扁筒器身，月牙形于；正背面钲部两侧各饰乳头状枚三排，计三十六个，甬部、旋面、枚间篆带及鼓部均饰夔龙纹，舞面饰蟠螭纹。

邯郸市文物保护研究所藏

63 铜编钟（钮钟）　　战国（公元前475～前221年）

1982年涉县北关凤凰台一号墓出土

高 12.6～26 厘米

一组九件，大小相次，器形相同。桥形钮，梭形舞，扁筒形腔体，竖条状钲，于口略弧；正、背钲部两侧各有兽头枚三排及篆带两层，兽枚计三十六个，篆带及鼓面饰蟠螭纹。

邯郸市文物保护研究所藏

64 环钮蟠螭纹铜盖鼎　　战国（公元前475～前221年）

1957年邯郸市百家村57号墓出土

口径 32.5 厘米，通高 34 厘米。

子口内敛，圆腹，圜底，双附耳，蹄形三足；上承圆顶、浅腹、覆盘形盖，顶附半环钮三个。器腹以绳索纹带为界分作上、下两区，盖顶以两条素宽带相间分作内、外三区，分别饰蟠螭纹；器耳正面饰蟠螭纹，侧面饰绳索纹。

河北省博物馆藏

65 环钮蟠虺纹铜盖鼎　　战国（公元前475～前221年）

1989年邯郸钢铁总厂北门墓葬出土

口径 31.5 厘米，通高 33.5 厘米。

子口内敛，双附耳，深鼓腹，圜底，蹄形三足；上承圆顶覆盘形盖，顶附等距带状环钮三个。器腹中饰凸弦纹，上饰蟠虺纹，下饰蟠虺垂叶纹，附耳正面饰蟠螭纹，侧面饰绳索纹；器盖正中为素面圆心，外以素面宽带相间饰四周花纹带，最内一周为蟠螭纹，其余三周均为蟠虺纹。器形厚重规整，花纹繁缛细密。

邯郸市博物馆藏

66　环钮网状雷纹铜盖鼎　　战国（公元前 475～前 221 年）

1989 年邯郸钢铁总厂北门墓葬出土

口径 28 厘米，通高 31.1 厘米。

子母口，双附耳，深鼓腹，圜底，蹄形三足；上承缓平顶覆盘形盖，顶置带状环钮三个。器腹以弦纹带为界，上、下各饰不规则网状雷纹，附耳正面饰蟠螭纹，侧饰绳索纹；器盖正中为素面圆心，外围以素面宽带相间饰花纹带三周，内圈为蟠螭纹，外两圈均为勾连网状雷纹，钮面饰绳索纹。

邯郸市博物馆藏

67　卧兽衔环钮云雷纹铜盖鼎　　战国（公元前 475～前 221 年）

1978 年武安市固镇古城战国墓出土

口径 14.5 厘米，通高 17.5 厘米。

子口内敛，附耳略曲，腹微鼓，圜底，蹄形三足；上承浅腹缓平顶覆盘形盖，周缘置三个浮雕卧兽衔环钮。器腹中上部及盖顶中部、外缘分别饰疏朗的变形云纹，下腹饰垂叶纹。

邯郸市文物保护研究所藏

68　鬲式分体铜甗　　战国（公元前 475～前 221 年）

1989 年邯郸钢铁总厂北门墓葬出土

甑：口径 30 厘米，高 24.5 厘米；鬲：口径 14.3 厘米，高 20 厘米，通高 41 厘米。

器体由甑和鬲两部分组成。甑为大口，平沿外折，"乙"字形双附耳，束颈，弧壁深腹，下部斜收，辐射线形镂孔箅底，矮圈足；上腹部弦纹带上、下及颈部，各饰两层细密的三角雷纹与蟠虺纹对角排列的纹饰带一周。鬲为直口，广肩，上附衔环双耳，圆鼓腹，分档袋状底，矮柱形三足；底、足有明显的烟熏痕迹。

邯郸市博物馆藏

69　蟠螭纹铜盉　　战国（公元前 475～前 221 年）

1982 年涉县北关凤凰台一号墓出土

长 25.5 厘米，宽 16.5 厘米，通高 18 厘米。

长方体，由上、下两件形制相同、棱角分明的圈足方盘扣合而成。器身为斗形，直口，浅腹，腹壁直而斜收，平底，下附曲壁花牙状矩形圈足；其中下半部沿外附承盖卡钮四个，器腹表面均饰蟠螭纹。

邯郸市文物保护研究所藏

70 双耳三足铜盘 战国（公元前 475～前 221 年）

1989 年邯郸钢铁总厂北门墓葬出土

口径 32.5 厘米，高 9 厘米。

敞口外折，浅腹圆收，缓平底，沿外有曲折呈 "乙"字形的双附耳，底附矮形三足。通体素面。

邯郸市博物馆藏

71 马首四耳蟠螭纹铜鉴 战国（公元前 475～前 221 年）

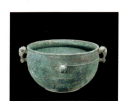

1972 年邯郸市张庄桥一号墓出土

口径 45 厘米，高 25 厘米。

窄方沿，微颈，腹略鼓，平底，颈部马首环耳和腹间兽面耳两两相对；唇部外缘饰绳索纹，颈下和腹间以两周凸弦纹带相隔，内填细密的蟠螭纹。

邯郸市博物馆藏

72 鸭首曲柄三足铜盉 战国（公元前 475～前 221 年）

1995 年邯郸钢铁总厂西区墓葬出土

直径 15 厘米，柄长 15 厘米，通高 13 厘米。

由器盖和器身两部分组成，一侧以活动轴相连。器盖呈覆盘形，直壁，浅腹，顶面分内外两圈，内圈略凸，正中置穿孔长方钮。器身为小口罐形，直口，短颈，扁圆腹，中饰凸弦纹一周，圜底；腹部左侧置上颌可上下翻合的曲颈鸭嘴形流，前侧置扁棱形曲柄，底附兽蹄形三足。整体构思巧妙，造型奇特。

邯郸市文物保护研究所藏

73 曲柄三足铜灯 战国（公元前 475～前 221 年）

2003 年邯郸钢铁总厂西区墓葬出土

盘径 15.5 厘米，通长 23.7 厘米。

直口，平底，浅盘，盘心设尖锥形灯插；沿外一侧置匕状曲柄，底附棱面兽蹄形三足。

邯郸市文物保护研究所藏

74　铜剑　　战国（公元前475～前221年）

1998年邯郸市第十八中学校区墓葬出土

长47.4厘米，宽4.8厘米。

剑首为圆饼状，中心略凹；柄为圆柱体，中设两道箍饰；剑格为菱形，剑身中部起脊，前锋微收呈三角形，刃部锋利。

邯郸市文物保护研究所藏

75　铜剑　　战国（公元前475～前221年）

2005年邯郸市第十中学校区墓葬出土

长54厘米，宽5厘米。

剑首多为玉质，已失。柄作圆柱体，中设箍饰两周；菱形剑格，两面分别饰棱角显著、眉目清晰的饕餮面纹；剑身后部较宽，前部略束腰，中部起脊，边刃及前锋锐利。

邯郸市文物保护研究所藏

76　响铃铜戈　　战国（公元前475～前221年）

2005年邯郸市第十中学校区墓葬出土

长18厘米

尖锋短援，双侧刃，长胡两穿，内部置长方形单穿，尾端饰外为环形轮廓、内为空心扁球状玲囊、中以十字形宽带轮辐相连的透雕轮状风玲。

邯郸市文物保护研究所藏

77　错银铜镦　　战国（公元前475～前221年）

2003年邯郸钢铁总厂西区墓葬出土

长13厘米，直径3.3～4厘米。

桃形銎口，管状柱体，中腹饰箍形突棱一周，平底；通体饰几何纹及卷云纹错银图案。

邯郸市文物保护研究所藏

78　方环带刺铜马衔　　战国（公元前475～前221年）

1978年邯郸赵王陵三号陵陪葬墓出土

长22.2厘米

两端为带扣，方环、蛇头形活动舌；中间为带刺圆棒，刺如锥尖状，共十四排，每排三十四至三十五个刺，其中部分已磨损。

邯郸市文物保护研究所藏

79 错金银嵌松石铜带钩　　战国（公元前475～前221年）

1978年武安市固镇古城出土

长12.1厘米，尾宽2.7厘米。

琵琶形。钩端呈蛇头状，钩体弯曲，表面较鼓，背面略凹，近尾端置一圆钮；器表通体刻圆心菱形几何纹图案，内错金银或镶嵌绿松石。

邯郸市文物保护研究所藏

80 错金铜带钩　　战国（公元前475～前221年）

1995年邯郸钢铁总厂西区墓葬出土

长13.1厘米

琵琶形。钩端呈蛇头状，钩体弯曲，腹面较鼓，背面宽平，中部置圆钮；器表以金丝勾勒出外廓及绕8字双线纹图案，各间隙内以金片填卷云、叶片或蝉蛹状花纹。

邯郸市文物保护研究所藏

81 蹲兽银带钩　　战国（公元前475～前221年）

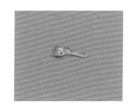

2003年邯郸钢铁总厂西区墓葬出土

长4.8厘米，尾宽1.6厘米，重23.6克。

钩端呈蛇首状，圆睛，宽额，扁长嘴；方棱形细颈，向下渐宽，中起脊；宽腹处背面置大圆钮，表面浮雕一只头向钩尾的怒目圆睁、鬃发后扬、长耳尖鼻、血口大张、含舌露齿、四爪蜷曲的侧体蹲兽，面目狰狞，肌腱发达，极具动感。

邯郸市文物保护研究所藏

82 蝎形银带钩　　战国（公元前475～前221年）

2003年邯郸钢铁总厂西区墓葬出土

通长7.5厘米，最宽2.7厘米，重33克。

整体呈蝎形，牌形尖首，弯角状双钳，突睛，窄条扁棱形钩身，钩端方折；表面阴刻细线纹理，背置圆钮，形象生动逼真。

邯郸市文物保护研究所藏

83　飞禽形铜带钩　　西汉（公元前206～公元8年）

2003年邯郸钢铁总厂西区墓葬出土

长6.2厘米，尾宽4.6厘米。

整体为飞鸟展翅状。水禽形钩首，钩体两侧一对扇形羽翼，后端为外张的宽面羽尾；表面并雕刻出两只外突的大眼、鼻子、尖喙和细密的米粒状背绒、丰满的细线状羽毛。整体构思巧妙，雕刻细腻，形象逼真。

邯郸市文物保护研究所藏

84　错金银铜带钩　　西汉（公元前206～公元8年）

2005年邯郸市第十中学校区墓葬出土

长18.5厘米

曲棒形。蛇首状钩首，曲颈弯体，钩身细长，前部有一道修补箍饰；钩体断面呈半圆形，弧形表面错草叶状和涡旋纹金银丝，背面宽平，中部置菌形钮。

邯郸市文物保护研究所藏

85　包金铜柄铁剑　　西汉（公元前206～公元8年）

2003年邯郸钢铁总厂西区墓葬出土

全长80厘米

扁平圆环状剑首，空心双茎剑柄，云朵状剑格，均为铜胎包金，金箔两面分别压印头部错列及伏卧状骆驼图案；铁质剑身，体瘦长，中起脊。木质剑鞘已朽，剑柲为铜胎包金，扁平体，上窄下宽，平底，断面呈棱形；两端设绳索状箍饰，正面契刻密线式变体奔马图案，背部起脊，中设并列绳索状脊线，两侧契刻密线式变体凤鸟图案。

邯郸市文物保护研究所藏

86　泡形金扣饰　　西汉（公元前206～公元8年）

2003年邯郸钢铁总厂西区墓葬出土

直径1.4厘米，重10.4克。

一组四个。半球形，素面，背面一道横梁。

邯郸市文物保护研究所藏

87　兽面金盔饰　　西汉（公元前206～公元8年）

2003年邯郸钢铁总厂西区墓葬出土

顶饰：直径4.6厘米，泡饰：2.4～2.9厘米，重28.8克。

一组七件，由一盔缨座和六件狮面泡饰组成。盔缨座为球面形，表面契刻由细密的"之"字纹组成的疏密相间的羽带状图案，外缘有三对等距的用以连缀的细孔，正中为插缨饰或羽翎的管状柱，柱两端各有两道并列的绳索状箍饰。泡饰略呈桃形，外压窄边，周饰三对细孔，中部压印出眼鼻清晰、鬃毛丰满、惟妙惟肖的浮雕式狮面。

邯郸市文物保护研究所藏

88　兽面金盔饰　　西汉（公元前206～公元8年）

2003年邯郸钢铁总厂西区墓葬出土

顶饰：直径4.7厘米，泡饰：3.3～3.9厘米，重39.3克。

一组六件，由一件盔缨座和五件兽面泡饰组成。盔缨座为弧面圆形，表面契刻由细密"之"字和弧线纹组成的圆眼、尖喙、顶羽后扬、肢体舒展的四只连体凤鸟纹，边缘有四对等距的用以连缀的小孔；上部正中为插缨饰或羽翎的管状柱，柱两端各有一或两道绳索状箍饰。泡饰近椭圆形，压窄边，周饰四对小孔，中部压印上为猛兽、前爪各抓一只犄角粗壮弯曲、头部下垂、嘴部微张的浮雕式羊头。

邯郸市文物保护研究所藏

89　龙首长柄铜量　　西汉（公元前206～公元8年）

1975年邯郸市车骑关一号墓出土

口长8.9厘米，宽7.7厘米，通长14.1厘米。

方舟形，直口，外壁饰凹弦纹一周，似带状宽沿，浅腹圆收，假圈足；沿部一侧置外伸的龙首长柄，龙首为三角眶圆睛、尖耳、阔鼻、张牙、抿须，形象生动，雕刻精细。

邯郸市博物馆藏

90　金涂承盘大爵酒樽　　东汉建武廿三年（公元47年）

1972年邯郸市张庄桥一号墓出土

盘：口径48.2厘米，高8.5厘米；尊：口径35厘米，高28.2厘米。

由带盖樽和承盘两部分组成。樽为平底圆筒形，两侧附双龙衔环镂孔铺首，底置熊形三足。外壁上、下沿及中腹饰三周素面宽带纹，间饰花纹带两周，上圈绘流云、奇鸟、怪兽、羽人、西王母及左右侍神仙；下圈绘流云、禽兽等图案。樽盖隆起，上置雀形三钮，中间提环已残缺，盖面上绘流云纹两周。承盘为宽平沿，浅直壁，大平底，下置熊形三足。器物通体涂金，花纹地鎏银，熊形足上镶嵌水晶、绿松石等，装饰华丽，工艺精湛。在承盘沿下并刻有隶书铭文（本书作者标点）："建武廿三年，蜀郡西工造乘舆大爵酒樽。内者室，铜工堂，金银涂章，文工循，造工茶。护工卒史悝，长氾，守丞汛，掾习，令史悟主。"

邯郸市博物馆藏

91 釜式分体铜甗　　东汉（公元 25～220 年）

1975 年邯郸县户村砖厂墓葬出土

口径 17.4 厘米，底径 7.5 厘米，通高 18.8 厘米。

器体由甗与釜两部分组成。甗为大口，外折沿，曲壁深腹，十字及斜线纹镂孔箅底，矮圈足，腹部饰弦纹数周；釜似两盆扣合而成，子口，圆肩，扁腹，正中为一周宽沿腰脊，平底。

邯郸市文物保护研究所藏

92 长颈鸟兽纹铜投壶　　东汉（公元 25～220 年）

1972 年邯郸市张庄桥一号墓出土

口径 4.5 厘米，高 28 厘米。

整体呈蒜头形。小口，圆唇，细长颈，溜肩，鼓腹下垂，圈足；通体线刻细密的几何纹带及禽兽纹图案，其中口部饰锯齿纹带一周，足部饰锯齿及网纹带二周，颈、腹间以弦纹及网格纹为界分作上下四区，各区则以波状曲线纹分为若干单元，内填或奔驰、或跳跃、或漫步、或直立、或展翅、或飞翔的各种禽兽纹，动物形象活灵活现，栩栩如生。

邯郸市博物馆藏

93 铺首衔环弦纹铜鉴　　东汉永元三年（公元 91 年）

1972 年邯郸市张庄桥一号墓出土

口径 54 厘米，高 26.3 厘米。

宽沿外折，束颈，圆腹，大平底；腹部饰凸弦纹四周，两侧置兽面衔环铺首；内底铸隶书阳文"永元三年三月四日造"九字。

邯郸市博物馆藏

94 铺首环耳弦纹铜鉴   东汉永元四年（公元 92 年）

1972 年邯郸市张庄桥一号墓出土

口径 34.7 厘米，高 20.3 厘米。

宽沿外折，束颈，腹微鼓，大平底；腹饰凸弦纹三周，两侧置兽面铺首两个；内底铸隶书阳文"永元四年造"五字。

邯郸市博物馆藏

95 双鱼纹铜洗   东汉（公元 25～220 年）

1972 年邯郸市张庄桥一号墓出土

口径 42.8 厘米，高 10.2 厘米。

敞口，宽平沿，折壁浅腹，矮圈足状平底；胎壁较薄，内底凹面铸有左右对称、形象逼真的双鱼纹。

邯郸市博物馆藏

96 带架长柄铜熨斗   东汉（公元 25～220 年）

1972 年邯郸市张庄桥一号墓出土

斗径 18.2 厘米，通长 44 厘米，架高 51.7 厘米。

整体由带座支架和熨斗两部分组成。支架下为大口、宽折沿、圆顶、覆盆式底座，沿内底边线刻锯齿纹带一周，壁面线刻规则曲线纹图案；上为两端略粗、腰束箍饰的立柱，上端有横插熨斗的銎孔，顶饰浮雕天禄。熨斗呈长勺状，宽折平沿，浅腹，缓平底，一侧附棱状直柄，柄面刻有以不同数量圆圈纹表示的 12 寸刻度。

邯郸市博物馆藏

97 龙首长柄铜熨斗   东汉（公元 25～220 年）

1972 年邯郸市张庄桥一号墓出土

斗径 15 厘米，通长 31.8 厘米。

宽折沿，直壁，浅腹，缓平底，口部一侧置棱状长柄，柄端为张牙露齿、双角向后翻卷的龙首。

邯郸市博物馆藏

98 金涂承盘三足翻盖铜熏炉   东汉（公元 25～220 年）

1972 年邯郸市张庄桥一号墓出土

口径 7.2 厘米，盘径 15.8 厘米，高 10.3 厘米。

由炉盖、炉身和承盘三部分组成。覆钵形透雕炉盖与圜底炉体间以轴键相连，形似扣合的圆球体；炉体附有兽蹄形三足，下与宽折沿、浅腹、平底承盘焊接为一体；器表通体鎏金，但大部已脱落。

邯郸市博物馆藏

99 铜博山炉　　东汉（公元25～220年）

1959年邯郸市百家村墓葬出土

通高21厘米

由底盘、炉身和炉盖三部分组成。下为宽折沿、弧壁浅腹、大平底托盘；中为由盘内一条盘绕蜥蜴状怪兽相托的子母口、圆腹圜底、细长柄炉身，器腹外饰凸弦纹及宽带纹；上为浮雕与镂空相间的山峰形炉盖。

河北省文物研究所藏

100　承盘雁足铜灯　　东汉（公元25～220年）

1972年邯郸市张庄桥一号墓出土

口径11.8厘米，高22厘米。

由承盘、雁足灯柱和灯盘三部分铸接而成。下为外折沿、浅折腹、平底承盘；盘中央站立抓附在椭圆形底座上的雁足灯柱，中设数道箍饰，上接柱状花茎及三片变形花瓣；顶托方唇、直壁、浅腹灯盘，盘内正中为锥尖状灯插。

邯郸市博物馆藏

101　高柄套盘三插铜灯　　东汉（公元25～220年）

1972年邯郸市张庄桥一号墓出土

口径18厘米，高47厘米。

覆盘形底座，柱状高柄，中设箍饰，上接短茎及三片变形花瓣；顶托圆形直口、方唇、浅腹、大平底分格灯盘，盘内以套盘形式分作内外两区，外区又以隔板等分为三格，内设尖锥形灯插。

邯郸市博物馆藏

102　错金嵌松石铜带钩　　东汉（公元25～220年）

1988年邯郸市彭家寨村东墓葬出土

长20.2厘米

曲棒形。蛇首状钩首，曲颈，表面鎏金；钩身细长，断面呈半圆形，弧形表面错金丝，其间镶满绿松石；背面宽平，中部置菌形钮。

邯郸市文物保护研究所藏

103　金带钩　　东汉（公元 25～220 年）

1972 年邯郸市张庄桥一号墓出土

长 8 厘米，最宽 1.3 厘米，重 84.8 克。

兽头形钩首，耳、鼻、唇各部刀法简洁、仅具特征；颈部向下渐宽，钩体圆鼓，钩尾宽肥；钩背宽平，下置一圆钮。

邯郸市文物保护研究所藏

104　鎏金银刻铜弩机　　西晋（公元 265～316 年）

1980 年永年县娄山村晋墓出土

廓长 20.5 厘米，宽 4.4 厘米；望山高 10 厘米，键长 9～10 厘米。

廓体宽大，廓面鎏金；望山扁平直立，后立面饰错银刻度；键呈柱状体，粗端置伞状帽；悬刀倾斜，保存完整。

邯郸市文物保护研究所藏

105　龟钮"关中侯"金印　　西晋（公元 265～316 年）

1976 年邯郸市三堤村北出土(征集)

边长 2.4 厘米，高 2.2 厘米，重 125 克。

顶部为浮雕龟钮，龟作爬行状，昂首、拱背、垂尾，四肢直立；下部为扁方体，印面正方，其上篆刻阴文"关中侯印"四字。

邯郸市文物保护研究所藏

106　陶盂　陶支脚　　新石器时代磁山文化（约公元前 6000 年）

1978 年武安市磁山遗址出土

盂：口径 26 厘米，高 21 厘米；支脚：高 15 厘米。

夹砂红陶。盂呈圆筒状，大口，直壁深腹，平底，口部一侧饰圆形乳突。支架为变体鸟头形，顶面窄平，前端下垂如钩，下为覆杯形圈足，两侧饰泥条叠弧线纹。

河北省文物研究所藏

107　红陶鸟头形器盖　　新石器时代后冈一期文化（约公元前 4800

～前4000年）

1986年永年县石北口遗址出土

口径10.2厘米，高6.7厘米。

泥质红陶。鸟头形，尖喙前伸，双目，尖圆顶；器表饰指甲纹，状似羽毛，特征鲜明，形象生动。

邯郸市文物保护研究所藏

108　陶器盖　新石器时代后冈一期文化（约公元前4800～前4000年）

1986年永年县石北口遗址出土

口径23.7厘米，高10.6厘米。

夹砂灰褐陶。宽沿外侈，弧面圆顶，桥形钮；顶面饰指甲纹。

邯郸市文物保护研究所藏

109　红陶小口双耳罐　新石器时代后冈一期文化（约公元前4800～前4000年）

1986年磁县东高禄遗址出土

口径10.7厘米，腹径36厘米，高33.5厘米。

细泥红陶。小口微侈，短颈，球形腹，小平底；腹部两侧置扁平带状双耳，器表通体磨光。

河北省博物馆藏

110　红陶小口壶　新石器时代后冈一期文化（约公元前4800～前4000年）

1986年永年县石北口遗址出土

口径5.2厘米，高37厘米。

细泥红陶。釜形小口，沿面微鼓，广肩，球形深腹，小平底；器表平素无纹，通体磨光。

邯郸市文物保护研究所藏

111　彩陶小口壶　新石器时代后冈一期文化（约公元前4800～前4000年）

1982年武安市儒教遗址出土

口径7厘米，底径10.2厘米，高29.3厘米。

泥质红陶。小口重唇，沿面下凹，溜肩，圆形深腹，平底；外表颈部至中腹饰红褐彩，花纹为三组内填网格的三角形图案，通体经磨光。

邯郸市文物保护研究所藏

112 "红顶"陶钵　新石器时代后冈一期文化（约公元前4800～前4000年）

1986年永年县石北口遗址出土

口径23厘米，高7.7厘米。

细泥红陶。敞口，弧壁浅圆腹，小平底；底面下部凸起约0.1厘米，形似一个极薄的圆饼状"托垫"，上有谷糠状麻点；器表外口氧化为带状"红顶"边饰，下腹及内壁为橙黄色，通体打磨光滑。

邯郸市文物保护研究所藏

113 "红顶"陶钵　新石器时代后冈一期文化（约公元前4800～前4000年）

1986年永年县石北口遗址出土

口径23厘米，高9.6厘米。

泥质陶。敞口，弧壁，腹略深，平底；器表上口为宽带状橙黄色"红顶"边饰，下腹为灰褐色，通体经磨光。

邯郸市文物保护研究所藏

114 红彩陶钵　新石器时代后冈一期文化（约公元前4800～前4000年）

1986年永年县石北口遗址出土

口径14.8厘米，高11.2厘米。

细泥红陶。敛口，半球状深腹，平底；器外表饰红彩，花纹为平行斜线组成的正倒相间的三角纹。

邯郸市文物保护研究所藏

115 黑彩陶钵　新石器时代后冈一期文化（约公元前4800～前4000年）

1987年永年县石北口遗址出土

口径19.5厘米，高13.5厘米。

细泥红陶。敛口，半球形深腹，缓平底；外上腹饰黑彩，花纹为成组的平行竖线纹，通体打磨光滑。

邯郸市文物保护研究所藏

116　红彩陶钵　　新石器时代后冈一期文化（约公元前4800～前4000年）

1959年磁县上潘汪遗址出土

口径19.5厘米，高21厘米。

细泥红陶。敛口，球形深腹，小平底；外上腹饰红彩，花纹为平行斜线组成的正倒相间的三角形纹带，器表打磨光滑。

河北省博物馆藏

117　彩陶钵　　新石器时代大司空村文化（约公元前3500～前3000年）

1960年磁县界段营遗址出土

口径17.6厘米，高10.4厘米。

泥质陶。敛口，鼓肩，斜腹，平底。器表上红下灰，打磨光滑；腹上部橙黄色底面上饰紫红色带状几何形图案六组，主题花纹为以平行斜行曲线相间、两两上下交错的弧边三角纹，每组三角内侧填连茎下垂短线，外侧以涡纹点缀。

河北省文物研究所藏

118　陶灶　　新石器时代大司空村文化（约公元前3500～前3000年）

1960年磁县界段营遗址出土

口径17.6厘米，高10.4厘米。

夹砂红陶。大口，宽折沿，沿面内凹，腹壁略弧，平底；腹内折沿处附等距拇指上翘状大支钉三枚，其间各置锥形小支钉一枚，腹下部前有圆形灶门，后有烟孔；器表及内沿分别饰指甲状刺剔纹。

河北省文物研究所藏

119　莲盖龙虎纹彩绘陶壶　　战国（公元前475～前221年）

2000年邯郸市博物馆战国墓出土

口径18.4厘米，底径16.1厘米，通高53.5厘米。

泥质灰陶。侈口，瘦长颈，两侧双耳已失，鼓腹下垂，颈、腹间饰凸弦纹四周，底附敞口圈足；圆顶覆盘形盖，下有圈形子口，上附仰莲五瓣。器表施红、黑双彩，似漆绘或经二次加温。颈部上侧饰牛鼻形黑色卷云纹八组；其下以弦线纹为框饰花纹带五层，顶层为黑色、底层为红色卷云纹带；中部三层分别以对顶三角将周圈分为若干单元，上层为红彩，内饰卷云纹六组；中层亦为红彩，内饰以环眼、宽唇、双耳、曲体、扬尾为特征的虎纹及卷云纹为点缀的花纹图案八组；下层为黑彩，饰以鹿角、环眼、尖吻、双耳、曲体、垂尾为特征的龙纹及卷云纹为辅饰的彩纹图案十组。盖顶饰红色弦线纹二周，外沿为黑色绳索纹，莲瓣饰红色卷云纹。构图严谨，线条流畅。

邯郸市文物保护研究所藏

120　莲盖龙虎纹彩绘陶壶　　战国（公元前475～前221年）

2003年邯郸市复兴区地税厅战国墓出土

口径17.5厘米，底径16厘米，通高52厘米。

泥质灰陶。侈口，粗长颈，圆鼓腹，颈、腹间饰凸弦纹四周，实圈足；子口圜底覆盘形盖，上附仰莲瓣四个。器表施红彩，似朱漆绘制。口部至下腹以弦纹为边线分作七层纹带，上、下部各两层分别为宽窄不一的卷云纹，中部三层以对顶三角将周圈各分为七个单元，上层各单元分别饰长吻、弯角、弓背、鹰爪、卷尾下垂为特征的单体龙纹及点缀云纹；中层满饰卷云纹图案；下层分别饰前为行龙回首、后为奔虎相随、周以云纹点缀的复合花纹。盖顶以弦线纹分作内外三周，外饰绳索纹，内二周及莲瓣饰卷云纹。

邯郸市文物保护研究所藏

121　彩绘陶壶　　西汉（公元前206～公元8年）

2003年邯郸钢铁总厂西区墓葬出土

口径12.7厘米，足径11.4厘米，高29.5厘米。

泥质红陶。侈口，平沿，长颈，鼓腹，圈足略外撇。器表施白色陶衣，上施红、黑彩绘。颈至上腹部为三组黑、红相间的倒三角形花纹，其间及中腹饰红色流线、卷云纹彩绘。

邯郸市文物保护研究所藏

122　彩绘陶壶　　西汉（公元前206～公元8年）

2005年邯郸市第十中学校区墓葬出土

口径17.3厘米，底经18.5厘米，高43.5厘米。

泥质灰陶。侈口，平沿，细长颈，丰肩，圆鼓腹，两侧置兽面铺首，假圈足。器表仿漆器，外施黑色陶衣，上施红色彩绘。口、肩、腹、足各部分别饰弦纹三周，除中腹外各填鱼状云纹一周；颈部饰正、倒相间的三角纹五组，倒三角内留两块素底图案、外敷重彩；上腹及颈部正三角素底内填细线缠绕涡旋纹；下腹饰连弧纹一周；内口及铺首敷彩，一侧隐绘衔环。画面构图严谨，线条流畅。

邯郸市文物保护研究所藏

123　陶熏炉　西汉（公元前206～公元8年）

1995年邯郸钢铁总厂西区墓葬出土

口径13.6厘米，通高16.9厘米。

泥质灰陶。形似盖豆，子母口，瓦棱壁，外折腹，内圜底，双箍竹节柄，棱边饼状圈足。顶盖为圈形管状钮，圆弧顶，直壁；顶面方形钮座四角钻细孔，周围镂刻虚实相间的三角形镂孔，实三角外勾廓线，内饰针点纹；下壁刻划束腰图案六组。

邯郸市文物保护研究所藏

124　陶熏炉　西汉（公元前206～公元8年）

2002年邯郸市锦花住宅区墓葬出土

口径16.1厘米，通高14.2厘米。

泥质灰陶。形似盖豆，子母口，直壁，浅腹，圜底，细短柄，喇叭形圈足；顶盖为平顶圆钮，圆弧顶，直壁。炉身及盖顶周壁饰虚实相间的交错三角针点纹八组，顶面饰三角形镂孔间针点纹实三角图案，三角顶端及钮面饰小圈点纹。

邯郸市文物保护研究所藏

125　绿釉陶盖壶　东汉（公元25～220年）

2005年邯郸市第十中学校区墓葬出土

口径13.2厘米，底径13.5厘米，通高32.7厘米。

侈口，粗颈，圆腹，两侧贴塑兽面衔环铺首，假圈足，圆钮覆盘形盖。器表通体施绿釉，肩部及腹部各饰凸弦纹二周；顶盖脱釉，顶面外沿饰平行短线纹带，内饰草叶纹。

邯郸市文物保护研究所藏

126　青釉双系盘口壶　　东汉（公元25～220年）

1996年邯郸市铁西水厂墓葬出土

口径10.5厘米，底径8.5厘米，高28厘米。

盘形口，粗颈，肩附宽带状双系，深鼓腹，平底内凹；口、颈、肩各部间饰弦纹数周，腹部满饰密集的凹弦纹，双系外表饰叶脉纹；中腹以上施青黄釉，釉层薄而不匀，呈花斑状，口颈一侧及下腹露酱色粗瓷胎，属南方早期青瓷产品。

邯郸市文物保护研究所藏

127　青釉双系鸡首壶　　西晋（公元265～316年）

1981年永年县三里岗砖厂墓葬出土

口径4厘米，底径4厘米，高8厘米。

盘形口，短直颈，广肩，扁球形腹，小平底。肩部附桥形双系，交叉对应处附鸡首状短流和鸡尾。肩部饰凹弦纹及网格纹。胎呈白色，器表施青黄釉，属南方青瓷产品。

永年县文物保管所藏

128　酱釉四系罐　　东魏（公元534～550年）

1974年磁县东陈村尧赵氏墓出土

口径9厘米，底径8.7厘米，高14.7厘米。

敛口，外折沿，沿面略凹，广肩，上附四系，曲壁深腹，大平底。胎呈土黄色，外施酱褐釉，上浓下淡，有冰裂纹。

磁县文物保管所藏

129　青黄釉龙柄鸡首盘口壶　　北齐（公元550～577年）

1975年磁县东槐树村高润墓出土

口径11厘米，底径12.8厘米，高46.1厘米。

盘形口，长颈，中饰弦纹数周，圆肩，鼓腹，小平底；口部一侧至肩部附龙头柱状高柄，龙头下垂，口衔壶沿，曲颈及肩，相对一侧肩部附昂首挺胸鸡首形短流，两侧置桥形方系四个；胎呈白色，外施青黄釉。

磁县文物保管所藏

130　青黄釉覆莲纹盖罐　　北齐（公元550～577年）

1975年磁县东槐树村高润墓出土

口径12.7厘米，底径13.5厘米，通高37.8厘米。

罐口微敞，沿外卷，短颈，宽肩，鼓腹，小平底；肩饰覆莲纹八瓣，下饰凹弦纹两周。盖呈弧壁覆盘形，顶心置桃形钮，周饰八瓣覆莲纹，外饰凹弦纹两周。胎呈白色，外施青黄釉。

磁县文物保管所藏

131　青黄釉小口罐　　北齐（公元550～577年）

1975年磁县东槐树村高润墓出土

口径10.5厘米，底径13厘米，高25.5厘米。

小口，卷沿，短颈，丰肩，上腹圆鼓，下腹内收，平底。土黄色胎，外施青黄釉。

磁县文物保管所藏

132　陶盘　青釉碗　　北齐（公元550～577年）

1985年磁县孟庄元始宗墓出土

盘：口径37厘米，高4厘米；碗：口径7.8～11厘米，高7～9厘米。

盘作圆唇，斜直壁，浅腹，大平底，底面饰轮弦纹数周。碗均为直口尖唇，深圆腹，实圈足，内有支钉三个；内壁及外上腹施青釉，下腹及圈足露白色瓷胎。

邯郸市文物保护研究所藏

133　青釉腰脊四系罐　　隋（公元581～618年）

1977年邯郸市峰峰矿区出土（征集）

口径7.1厘米，底径6.8厘米，高6.9厘米。

形似双碗对置，小口，短颈，圆肩，深腹，实圈足；肩附四系，中腰对接处形成一条腰脊；胎呈白色，器表施青釉，外下腹露胎。

邯郸市文物保护研究所藏青釉

134　青釉兽面纹扁壶　　隋（公元581～618年）

邯郸市采集

口径3.9厘米，足径5.6厘米，高11.4厘米。

盘口，束颈，肩附双系，扁体圆腹，椭圆形圈足；腹部饰浅浮雕兽面纹，周边饰联珠纹，腹部以上施青釉，足部露胎。

邯郸市博物馆藏

135　三彩釉小口三足炉　　唐（公元618～907年）

1975年邯郸新生砖厂墓葬出土

口径12.5厘米，高16厘米。

侈口，卷沿，短颈，圆鼓腹，圜底，蹄形三足；口部施单色黄釉，外腹及足部施红、黄、绿三彩釉。

邯郸市博物馆藏

136　黑釉弦纹曲腹罐　　唐（公元618～907年）

1999年邯郸市电业局南院墓葬出土

口径10.4厘米，足径9厘米，高11.6厘米。

小口外侈，短颈，宽间微折，直壁扁腹，实圈足，腹饰凹弦纹数周；器表满施黑釉，釉面光亮，外底露胎。

邯郸市文物保护研究所藏

137　黄釉敛口盂　　唐（公元618～907年）

1999年邯郸市电业局北院墓葬出土

口径18.4厘米，腹径28.2厘米，高18.4厘米。

敛口，唇面略凹，圆肩，扁腹，缓平底；胎体灰褐，内壁满施青黄釉，外腹半釉，釉下施白色化妆土。

邯郸市文物保护研究所藏

138　三彩釉敛口盂　　唐（公元618～907年）

1999年邯郸市电业局北院墓葬出土

口径12.4厘米，腹径20厘米，高12.6厘米。

敛口，唇面略凹，肩部圆鼓，宽扁腹，小平底；胎呈黄褐色，内下腹施黄釉，外上腹施红、黄、绿三彩釉，下腹露胎。

邯郸市文物保护研究所藏

139　黄釉单鋬双系注壶　　唐（公元618～907年）

1973年邯郸海河治理工程出土

口径6.7厘米，底径9.5厘米，高22.4厘米。

直口微敞，粗短颈，圆肩，筒状深腹，平底；口部下侧附带状单鋬，相对一侧肩部置管状短流，另两侧附双系；器腹上部饰成组的篦点纹，内壁及外壁中上部饰米黄釉，下部露瓷胎。

邯郸市博物馆藏

140　三彩釉单鋬注壶　　唐（公元 618～907 年）

1975 年邯郸五七砖厂墓葬出土

口径 7 厘米，底径 6.8 厘米，高 15.5 厘米。

侈口，圆唇，卷沿，直颈，肩部圆鼓，深腹，外撇平底；颈腹间一侧置单鋬，相对一侧肩部置管状短流；内外壁通体施绿釉为主的三彩釉。

邯郸市博物馆藏

141　白釉剔刻牡丹纹盘口瓶　　北宋（公元 960～1127 年）

1981 年邯郸市农林局墓葬出土

口径 9 厘米，底径 8 厘米，高 39.2 厘米。

盘口，细长颈，鼓肩，深长腹，平底外侈；颈部有瓦棱状轮弦纹，外壁先施以白色化妆土，再以剔刻露胎方法于肩、腹部表现出黑白相间的垂莲花瓣和缠枝牡丹花纹，最后通体施透明釉。

邯郸市博物馆藏

142　白釉亚腰长方枕　　北宋（公元 960～1127 年）

1965 年磁县岳城水库出土

长 19.8 厘米，宽 12 厘米，高 12 厘米。

长方形，两端平直，四角有支钉痕，一端留气孔，四面内凹，呈亚腰状，通体施白釉。

邯郸市文物保护研究所藏

143　绿釉划花人物花草纹元宝枕　　北宋（公元 960～1127 年）

1981 年邯郸市农林局墓葬出土

面长 20.7 厘米，宽 9.5 厘米，高 9.8 厘米。

长方元宝形，顶面略大，前后微出檐，两端上翘，直壁，一端留气孔，腹内装十余颗活动球，平底略凹。顶面及四壁线刻边框，内剔花纹，上施绿釉。顶面以双线纹分为左、右两区，左区线刻一人蹲坐于"烟斗"形炉体柄部作烧火状，釜上蒸气升腾，炊烟缭绕；右区刻草丛中一只体态肥硕、展翅飞舞的胡蝶。前、后壁线刻缠枝花草纹，两端刻团形花朵。底面无釉。

邯郸市文物保护研究所藏

144 白釉黑绘线剔龙纹大盆 金（公元1115～1234年）

1987年磁县观台窑址出土

口径69厘米，底径40厘米，高22厘米。

大口微敛，宽沿外翻，沿下外饰附加堆纹一周，弧壁浅腹，凹圜底。器表外施白釉，内施白地黑绘为主体、细密剔划纹为辅饰的祥龙戏珠图案；底绘一条首尾相顾的团龙和一只火焰宝珠，侧壁绘两条前后环绕、肢体舒展的游龙和两只火焰宝珠；龙纹尖吻长角，须发飘逸，曲颈拱背，鳞甲华丽，四爪腾空，气势雄浑。

磁县文物保管所藏

145 白釉梅瓶 金（公元1115～1234年）

1990年曲周县三塔村出土（征集）

口径5.1厘米，底径7.9厘米，高25.5厘米。

小口宽沿，沿面微凹，束颈，圆肩深腹，圈足外侈；胎呈灰白色，内施白色化妆土，外施透明釉，内腹及外下部裸露瓷胎。

邯郸市文物保护研究所藏

146 白釉黑绘缠枝纹花口瓶 金（公元1115～1234年）

1987年磁县观台窑址出土

口径11.4厘米，底径17.3厘米，高49.6厘米。

五瓣卷沿花口，细长颈，圆肩，鼓腹，下部急收成束腰，大喇叭形圈足；通体施白地焦褐色黑彩，自颈至腹为缠枝芍药花纹，下腹为菊瓣形边饰，足部为宝装覆莲瓣；器表有细碎开片，彩釉因火候过高而起泡。

磁县文物保管所藏

147 白釉黑绘折枝牡丹梅瓶 金（公元1115～1234年）

1987年磁县观台窑址出土

口径5.8厘米，底径9.5厘米，高38.5厘米。

小口，宽折沿，沿面斜直，短束颈，耸肩圆折，瘦长腹，略显隐

圈足。器表施白地酱褐彩，肩饰菊瓣纹，上腹饰折枝牡丹六朵，下腹
上饰 "富贵不到头"图案一周，下为菊瓣边饰。

磁县文物保管所藏

148　白釉黑绘缠枝芍药梅瓶　　金（公元1115～1234年）

1987年磁县观台窑址出土

口径5.7厘米，底径7.8厘米，高31.8厘米。

小口，宽折沿，沿面下翻，短束颈，圆肩，卵形深腹，隐圈足。器
表施泛黄白地黑褐彩，有细碎开片，腹饰小碎叶缠枝芍药八朵，上、下
有菊瓣纹边饰，底足刮釉。

磁县文物保管所藏

149　绿釉黑绘线剔折枝牡丹大口瓶　　金（公元1115～1234年）

1987年磁县观台窑址出土

口径10厘米，底径9.1厘米，高25.6厘米。

大口，圆唇，直领，丰肩，长圆腹，下腹内曲，隐圈足。器表施
绿釉黑绘间线剔纹，口部为绘、剔团花边饰一周，腹部前后各绘、剔
大叶牡丹一枝，足端绘菊瓣纹边饰。

磁县文物保管所藏

150　黄绿釉雕花划荷扇面枕　　金（公元1115～1234年）

磁县观台镇出土（征集）

面长35厘米，宽17.9厘米，高11.3厘米。

扇面体。前低后高，前窄后宽，四壁左右平直，前后略弧，后壁
上沿呈竹节形；顶面边框线内刻划荷花和叶茎，后壁边框内堆塑浅浮
雕缠枝花卉，余为素面；器表除底面无釉、后壁雕花施黄釉外，余均
施墨绿釉。

邯郸市博物馆藏

151　白釉黑绘花卉纹椭圆枕　　金（公元1115～1234年）

1996年邯郸市军分区家属院墓葬出土

面长29.2厘米，宽20厘米，高7.8～11.2厘米。

椭圆形，前侧略内凹，枕面前低后高，两端微翘，外出檐，直壁，
平底。器表施白地黑绘，顶面外缘勾绘出一条宽带和一条细线纹边框，

其内以简洁流畅的线条绘出一朵枝叶舒展、花瓣绽放的牡丹；周壁绘卷草纹，底露灰白色瓷胎。

邯郸市文物保护研究所藏

152 白釉黑绘线剔海兽衔鱼椭圆枕　　金大定五年（公元1165年）

大名县挖渠出土

长32.3厘米，宽24.5厘米，高13厘米。

椭圆形，周壁圆弧，前侧略凹，顶面两端略翘，中部前倾，平底。器表挂白釉，上施黑褐色彩绘。顶面外缘为弦线间连茎草叶纹边饰，中部为黑地线剔海兽衔鱼纹图案；周壁弦线边框内绘卷草纹；底面露胎，上有"大定伍年四月十三日买到枕子一个坚考至记□"墨书题记。

邯郸市文物保护研究所藏

153 白釉黑绘线剔之字纹椭圆枕　　金（公元1115～1234年）

1974年磁县城关供销社收购

长31.5厘米，宽22.5厘米，高12.8厘米。

椭圆形，周壁圆弧，前侧中部略凹，两端略翘。器表施白釉黑绘，枕面以三道曲线纹勾出边框，中部开光，内饰黑地线剔纵向"之"字形折线纹九组；周壁上、下边框线内绘卷草纹。底面无釉。

磁县文物保管所藏

154 白釉黑绘卧虎望月图长方枕　　金（公元1115～1234年）

磁县观台镇出土（征集）

面长32厘米，宽10.4厘米，高12.9厘米。

长方形，两端微翘，四边出檐，直壁，平底。器表施白地黑绘，顶面及四壁分别外勾边框，四角满饰花卉，中部开光。开光内顶面绘山石草丛间一只半卧的长尾斑烂猛虎回首眺望云中弯月，前壁绘弯竹，后壁绘折枝牡丹，两侧壁为牡丹花朵。底部露胎，上有"张家造"戳印。

邯郸市博物馆藏

155 白釉黑绘君臣夜谈图长方枕　　金（公元1115～1234年）

1977年磁县出土（征集）

面长29.8厘米，宽16.7厘米，高9.8～14.2厘米。

长方形，四边略出檐，前低后高，两端略翘。器表施白地黑绘。顶面及四壁分别外勾边框，四角填绘花卉，中部开光。顶面开光内绘夜深人静时分，庭院松树下君臣二人对坐于几形香案两旁，君王头戴冠冕、一臂前曲居左，臣僚头戴官帽、双手执笏居右，作征询交谈状；左侧边框间书"漳滨逸人制"五字。前壁绘折枝花朵，后绘折枝牡丹，两侧分绘莲花和菊花。素底有"王氏寿明"钟形戳印，并有墨书"许"字。

　　磁县文物保管所藏

156　白釉黑绘神仙故事图长方枕　　金（公元1115～1234年）

　　邯郸市峰峰矿区出土（征集）

　　面长40厘米，宽16.5厘米，高15厘米。

　　长方形，两端略上翘，四面出檐，直壁，平底。器表施白地黑绘，顶面以五条直线及一条波浪纹勾出双层边框，开光外四角绘葵花及牡丹花卉，内绘神仙故事：湖面上，二天使足踏祥云、裙带飘扬、自天而降，一人执笏，一人捧物，向岸边似在赠物的老少二人宣旨或奉物，神态各异，极富动感；四壁开光外四角与边框间绘满花卉，开光内前、后两壁绘折枝牡丹，两侧壁绘荷花。枕面左边框处有"漳滨逸人制"题款，底部素胎上有字迹模糊的"王氏寿明"戳记。

　　邯郸市博物馆藏

157　白釉黑绘相如题桥图长方枕　　金（公元1115～1234年）

　　磁县南来村西港古墓出土

　　长44厘米，宽19厘米，高17厘米。

　　长方形，两端微翘，前低后高，四边出檐，直壁，后壁上部留气孔，平底。器表施白釉黑褐彩，顶面以五条直线及一条绳索纹勾出边框，四角填绘石榴及牡丹花卉，中部开光内绘司马相如提笔题诗桥头，捧砚童子侍立于旁，近处树木茂盛，远处峰峦叠嶂，画面严谨，线条流畅。前后壁边框内四角绘满花卉，中部开光内前绘麒麟戏球图、后绘蹲卧猛虎图案。两侧壁边框内绘单朵牡丹。素底有竖式上莲叶下荷花"张家造"戳记。

　　磁县文物保管所藏

158　白釉黑绘童子牧鸭图长方枕　　金（公元1115～1234年）

　　磁县冶子村出土（征集）

　　面长28.5厘米，宽16厘米，高12.3厘米。

长方形，两端微翘，四边出檐，直壁，平底。器表施白地黑绘。顶面及四壁均外勾长方形边框，四角填绘花卉，中部开光。开光内，顶面绘一位童子牧鸭归来，手执长茎荷叶搭肩前行，一只鸭子尾随其后，画面线条简洁，形象生动，极富乡土气息；前后壁绘折枝芍药，两侧壁绘荷花。素底有上莲叶下荷花"张家造"戳记。

磁县文物保管所藏

159　白釉黑绘诗文八角枕　　金（公元 1115～1234 年）

邯郸市峰峰矿区出土（征集）

长 29.7 厘米，宽 19.5 厘米，高 7.7～10.3 厘米。

平面呈八角形，枕面前高后低，两端微翘，周边出檐，壁较直，后壁上侧留气孔，平底微沿。器表施白地黑绘，顶面外勾宽带和细线纹双层边框，其内填草书"云色暗天涯」红城景最佳」黄昏人欲静」帘外雪飞花"五言绝句一首，周壁绘卷草纹，素底有上莲叶下荷花阳文"张家枕"戳印。

峰峰矿区文物保管所藏

160　白釉黑绘"乌夜啼"词八角枕　　金（公元 1115～1234 年）

2002 年邯郸市龙城住宅区墓葬出土

面长 29.5 厘米，宽 21 厘米，高 8～10 厘米。

平面呈八角形，前后侧略内凹。枕面前低后高，两端微翘，外出檐，周壁较直，后壁上侧有气孔，平底。器表施白地黑绘，顶面沿八角形外沿绘出略向内弧的宽带和细线纹双层边框，其内填词一首，行草，首行题"乌夜啼"词牌名，后五行书（本书作者标点）："天涯苦，苦迟留，去无由，过了伤春时序，又悲秋。红日晚，碧云乱，思悠悠，怕到黄昏前后，五更头。"周壁绘卷草纹，线条流畅。底部露胎，上有横式阴文"张家记"戳印。

邯郸市文物保护研究所藏

161　白釉黑绘四系瓶　　元（公元 1271～1368 年）

邯郸市峰峰矿区彭城出土（征集）

口径 6.5 厘米，底径 9.8 厘米，高 37.1 厘米。

小口外侈，短颈，肩附叶片状四系，卵形深腹，圈足外撇；器表上腹部施白地黑绘弦纹及变形花草纹，下腹施酱釉。

邯郸市博物馆藏

162　白釉黑绘玉壶春瓶　　元（公元 1271～1368 年）

1977 年邯郸县西天池村沙坑出土（征集）

口径 8.2 厘米，底径 9.2 厘米，高 30.3 厘米。

敞口，圆唇，细长颈，溜肩，垂腹，矮圈足。外表施白地黑绘，颈部以弦纹带分作上、下两区，上饰垂莲纹，下饰藤蔓花草；腹部前、后开光，内绘折技牡丹，两侧开光间填草叶纹；下部裸瓷胎。

邯郸市文物保护研究所藏

163　白釉黑绘龙凤纹罐　　元（公元 1271～1368 年）

邯郸市峰峰矿区彭城出土（征集）

口径 21.5 厘米，底径 14.5 厘米，高 36.3 厘米。

直口，圆唇，微颈，广肩，上腹圆鼓，下腹斜收，平底。通体施白地黑色彩绘，先以弦带纹将器表分作肩、腹、底角三区，肩部一周绘满藤蔓花卉；腹部一侧菱形开光内绘以翻腾云间的盘龙，相对一侧绘以展翅飞翔的凤鸟，另两侧填以花草纹；底角为弦纹及曲线装饰。整体花纹构图严谨，线条流畅，栩栩如生。

邯郸市博物馆藏

164　白釉黑绘双凤纹罐　　元（公元 1271～1368 年）

1982 年广平县西张孟村东窖藏出土

口径 23.5 厘米，底径 16.5 厘米，高 42 厘米。

直口方唇，圆肩深腹，凹平底，隐圈足。器表内壁施黑釉，外施白地黑绘，先以数周弦带纹将器表分作中上腹和下腹两区，中上腹前、后开光，其内分别绘以展翅飞翔的凤鸟纹，两侧开光间填草叶花卉；下腹以卷草纹点缀。

邯郸市文物保护研究所藏

165　白釉黑绘"秋露白"罐　　元（公元 1271～1368 年）

1982 年广平县西张孟村东窖藏出土

口径 17 厘米，底径 9.3 厘米，高 21.5 厘米。

直口圆唇，短颈，圆肩，深腹，隐圈足；外壁通体施白釉，腹部一侧黑绘上覆荷叶、下承莲瓣、侧饰花边的竖长方形酒幌或匾牌，内书"秋露白"三字。

邯郸市文物保护研究所藏

166　白釉黑绘鱼藻纹盆　　　元（公元 1271～1368 年）

邯郸市峰峰矿区彭城出土（征集）

口径 47 厘米，底径 25.5 厘米，高 14.5 厘米。

敞口，宽卷沿，斜直壁，浅腹，凹平底，隐圈足。内壁施白地黑绘，周壁沿下绘数周弦纹间曲线纹边饰，下部满绘篦状竖虚线纹；底面外饰弦纹数周，内绘鱼藻纹图案；外壁施酱褐釉，底足露胎。

邯郸市博物馆藏

167　白釉黑绘鱼藻纹盆　　　元（公元 1271～1368 年）

1982 年广平县西张孟村东窖藏出土

口径 35.8 厘米，底径 16 厘米，高 14 厘米。

敞口，宽卷沿，斜直壁，浅腹，凹平底，隐圈足。内壁施白地黑绘，其中沿面饰弦线间草叶纹，腹壁上绘双弦线两层，下绘篦状垂线纹；底面双弦线边框内绘鱼藻纹图案；外壁上、下施白釉，中饰酱褐彩。

邯郸市文物保护研究所藏

168　白釉黑绘飞鹰逐兔图长方枕　　　元（公元 1271～1368 年）

1993 年磁县南关兴仁街墓葬出土

面长 30.3 厘米，宽 16.5 厘米，高 10.6～13 厘米。

长方形，四边出檐，直壁，平底。器表施白釉黑褐彩。顶面及四壁分别勾出长方形边框，四角填以花卉图案，中部开光。开光内，顶面绘飞鹰逐兔图，一飞鹰于空中瞄准其前猎物俯冲直下，一野兔窜出草丛迅疾奔逃；前壁绘斜竹，后壁绘折枝牡丹，两端绘单朵荷花。底部无釉。

磁县文物保管所藏

169　白地黑绘陈桥兵变图长方枕　　　元（公元 1271～1368 年）

1974 年磁县城关供销社代购

面长 38.5 厘米，宽 16.8 厘米，高 14.3 厘米。

长方形，顶面四边出檐，两端略翘，直壁，平底。器表施白釉黑褐彩绘。顶面及四壁均外勾长方形边框，四角填绘石榴或花卉，中部开光。开光内，顶面绘陈桥兵变图，栏门外仪仗侍卫列队而立，门内车马仪从锦幡伞盖驻足桥头，一老者跪于主帅马前，俯首称臣；前壁绘弯竹，后壁绘折枝牡丹，两侧壁绘单朵牡丹。素底有上莲叶下荷花双栏"古相张家造"戳记。

磁县文物保管所藏

170　白釉黑绘人物故事图长方枕　　元（公元1271～1368年）

磁县出土（征集）

面长43.4厘米，面宽17.7厘米，高10.5～15.5厘米。

长方形，顶面四边出檐，两端微翘，直壁，平底。器表施白地褐彩。顶面及四壁均外勾边框，四角绘石榴和各种花卉，中部开光。开光内，顶面绘郁郁葱葱的郊外，一位老者于茅草亭中抚琴，悠扬的琴声将行人引至亭外，远处数人亦前呼后引循声而来；前壁绘折枝芍药两朵；后壁绘孔雀回头望牡丹图案，侧边书"滏源王家造"题记，字迹不清；两侧壁绘单朵荷花。底部无釉。

磁县文物保管所藏

封面设计：周小玮
责任印制：王少华
责任编辑：窦旭耀

图书在版编目（CIP）数据

邯郸文物精华／邯郸市文物研究所编. —北京：文物出
版社，2005.12
ISBN 7-5010-1844-8

Ⅰ.邯… Ⅱ.邯… Ⅲ.文物 — 邯郸市—图录
Ⅳ.K872.223.2

中国版本图书馆 CIP 数据核字（2005）第 141577 号

邯郸文物精华

邯郸市文物研究所　编

＊

文 物 出 版 社 出 版 发 行

北京五四大街 29 号

http：//www.wenwu.com

E-mail：web@wenwu.com

北京燕泰美术制版印刷有限责任公司制版

北京雅昌彩色印刷集团有限公司印刷

新华书店经销

889×1194毫米　1/16　印张：14.5

2005 年 12 月第一版　2005 年 12 月第一次印刷

ISBN 7-5010-1844-8/K·971　定价：280.00 元